编委

郝文杰	全国民航职业教育教学指导委员会副秘书长、中国民航管理干部学院副教授
江丽容	全国民航职业教育教学指导委员会委员、国际金钥匙学院福州分院院长
林增学	桂林旅游学院旅游学院党委书记
丁永玲	武汉商学院旅游管理学院教授
史金鑫	中国民航大学乘务学院民航空保系主任
刘元超	西南航空职业技术学院空保学院院长
杨文立	上海民航职业技术学院安全员培训中心主任
范月圆	江苏航空职业技术学院航空飞行学院副院长
定 琦	郑州旅游职业学院现代服务学院副院长
黄 华	浙江育英职业技术学院航空学院副院长
王姣蓉	武汉商贸职业学院现代管理技术学院院长
毛颖善	珠海城市职业技术学院旅游管理学院副院长
黄华勇	毕节职业技术学院航空学院副院长
魏 日	江苏旅游职业学院旅游学院副院长
吴 云	上海旅游高等专科学校外语学院院长
刘晏辰	三亚航空旅游职业学院民航空保系主任
田 文	中国民航大学乘务学院民航空保系讲师
汤 黎	武汉职业技术学院旅游与航空服务学院副教授
江 群	武汉职业技术学院旅游与航空服务学院副教授
汪迎春	浙江育英职业技术学院航空学院副教授
段莎琪	张家界航空工业职业技术学院副教授
王勤勤	江苏航空职业技术学院航空飞行学院副教授
覃玲媛	广西蓝天航空职业学院航空管理系主任
付 翠	河北工业职业技术大学空乘系主任
李 岳	青岛黄海学院空乘系主任
王观军	福州职业技术学院空乘系主任
王海燕	新疆职业大学空中乘务系主任
谷建云	湖南女子学院管理学院副教授
牛晓斐	湖南女子学院管理学院讲师

普通高等学校"十四五"规划民航服务类系列教材

民航客舱制敌术

主　编◎田　文
副主编◎陈学东　邱颖帅　邱天阳　向方超

华中科技大学出版社
http://www.hustp.com
中国·武汉

内 容 提 要

本书根据民航空中安全保卫工作的性质、特点和特殊空间要求,以擒拿格斗技术框架为基础,遵循实战技术、技能的形成规律,形成了包括基本知识、基本功、基本技术、客舱制敌基本技能、客舱实战应用技能等完整的技术、技能体系。本书配有丰富的动作分解插图和教学视频,以实战应用为主,基本涵盖了民航空中安全保卫中需要使用客舱制敌技能的各种情况,具有很强的针对性和应变性。

本书突出实战、实用的特点,各技术动作经历实战检验,简单实用,易学易练,便于掌握,实效显著,可用于民航专业院校、空中警察、航空公司各执勤单位的教学和培训。

图书在版编目(CIP)数据

民航客舱制敌术/田文主编. —武汉:华中科技大学出版社,2022.10
ISBN 978-7-5680-8781-0

Ⅰ. ①民… Ⅱ. ①田… Ⅲ. ①防身术 Ⅳ. ①G852.4

中国版本图书馆 CIP 数据核字(2022)第 190120 号

民航客舱制敌术　　　　　　　　　　　　　　　　　　　　田　文　主编
Minhang Kecang Zhidishu

策划编辑:胡弘扬
责任编辑:刘　烨
封面设计:廖亚萍
责任校对:刘小雨
责任监印:周治超

出版发行:华中科技大学出版社(中国·武汉)　　电话:(027)81321913
　　　　　武汉市东湖新技术开发区华工科技园　　邮编:430223
录　　排:华中科技大学惠友文印中心
印　　刷:武汉开心印印刷有限公司
开　　本:787mm×1092mm　1/16
印　　张:10.25
字　　数:243 千字
版　　次:2022 年 10 月第 1 版第 1 次印刷
定　　价:49.80 元

　　　　　本书若有印装质量问题,请向出版社营销中心调换
　　　　　全国免费服务热线:400-6679-118　竭诚为您服务
　　　　　版权所有　侵权必究

INTRODUCTION 出版说明

民航业是推动我国经济社会发展的重要战略产业之一。"十四五"时期,我国民航业将进入发展阶段转换期、发展质量提升期、发展格局拓展期。2021年1月在京召开的全国民航工作会议指出,"十四五"期末,我国民航运输规模将再上一个新台阶,通用航空市场需求将进一步激活。这预示着我国民航业将进入更好、更快的发展通道。而我国民航业的快速发展模式,也进一步对我国民航教育和人才培养提出了更高的要求。

2021年3月,民航局印发《关于"十四五"期间深化民航改革工作的意见》,明确了科教创新体系的改革任务,要做到既面向生产一线又面向世界一流。在人才培养过程中,教材建设是重要环节。因此,出版一套把握新时代发展趋势的高水平、高质量的规划教材,是我国民航教育和民航人才建设的重要目标。

基于此,华中科技大学出版社作为教育部直属的重点大学出版社,为深入贯彻习近平总书记对职业教育工作作出的重要指示,助力民航强国战略的实施与推进,特汇聚一大批全国高水平民航院校学科带头人、一线骨干"双师型"教师以及民航领域行业专家等,合力编著普通高等学校"十四五"规划民航服务类系列教材。

本套教材以引领和服务专业发展为宗旨,系统总结民航业实践经验和教学成果,在教材内容和形式上积极创新,具有以下特点:

一、强化课程思政,坚持立德树人

本套教材引入"课程思政"元素,树立素质教育理念,践行当代民航精神,将忠诚担当的政治品格、严谨科学的专业精神等内容贯穿于整个教材,使学生在学习知识的"获得感"中,获得个人前途与国家命运紧密相连的认知,旨在培养德才兼备的民航人才。

二、校企合作编写,理论贯穿实践

本套教材由国内众多民航院校的骨干教师、资深专家学者联合多年从事乘务工作的一线专家共同编写,将最新的企业实践经验和学校教科研理念融入教材,把必要的服务理论和专业能力放在同等重要的位置,以期培养具备行业知识、职业道德、服务理论和服务思想的高层次、高质量人才。

三、内容形式多元化,配套资源立体化

本套教材在内容上强调案例导向、图表教学,将知识系统化、直观化,注重可操作性。华中科技大学出版社同时为本套教材建设了内容全面的线上教材课程资源服务平台,为师生们提供全系列教学计划方案、教学课件、习题库、案例库、教学视频音频等配套教学资源,从而打造线上线下、课内课外的新形态立体化教材。

我国民航业发展前景广阔,民航教育任重道远,为民航事业的发展培养高质量的人才是社会各界的共识与责任。本套教材汇集来自全国的骨干教师和一线专家的智慧与心血,相信其能够为我国民航人才队伍建设、民航高等教育体系优化起到一定的推动作用。

本套教材的编写难免有疏漏、不足之处,恳请各位专家、学者以及广大师生在使用过程中批评指正,以利于教材质量的进一步提高,也希望并诚挚邀请全国民航院校及行业的专家学者加入我们这套教材的编写队伍,共同推动我国民航高等教育事业不断向前发展。

华中科技大学出版社

2021 年 11 月

PREFACE 前言

　　航空安全员肩负着维护航空器内的乘坐秩序，制止威胁或危害民用航空飞行安全的行为，保护所载人员和财产安全的重大职责。在履职过程中，由于民用航空的特殊性（客舱封闭，空间狭小，人员密集，有极为特殊和极高的安全要求），航空安全员配备的执勤器械在数量、种类、杀伤力及使用上均受各种约束与限制。在依法处置航空器内发生的扰乱行为和非法干扰行为时，航空安全员的处境具有危险性、复杂性和不确定性。因此，客舱制敌就成为航空安全员应着重培训掌握的实战技能。如何迅速、全面、有效地培养并提高航空安全员客舱制敌技术水平和实战应用能力，使之适应空中安保工作的新形势、新要求，已成为民航各级空保部门培训工作和民航院校空保专业教学工作中一项急待解决的课题。

　　这本《民航客舱制敌术》，就是在此背景下，在大量收集、分析和研究民航空保实战案例及实战演练、培训范例，积极探索实践客舱制敌技术和实战应用能力的形成规律和教学培训模式的基础上，综合个人十余年从事客舱制敌教学培训工作的体会与感悟编写而成的。可供航空安全员的初任培训、在职培训、晋级培训等各层级培训以及集中培训、分批轮训和个人自学自练等各种培训形式使用，也可供各空保单位、机组制定各类处置预案及机组协同演练时借鉴参考，亦可作为各民航院校空保专业教学使用。

　　本书在编写过程中，得到了民航有关安保部门、中国民航大学和从事客舱制敌教学培训工作的诸位专家、前辈的大力支持和指导，冯梓尧同志参与了视频与图片的拍摄，在此一并表示衷心的感谢和崇高的敬意。

　　受个人能力和水平所限，书中难免有疏漏和不当之处，敬请批评指正。

编者
2022 年 1 月 1 日

第一章	基础知识	1
	第一节 概述	1
	第二节 生理知识	4
	第三节 力学原理	8

第二章	基本功	11
	第一节 手臂功	11
	第二节 腰腿功	18
	第三节 排打功	26
	第四节 倒功	29

第三章	基本技术	33
	第一节 基本姿势与步法	33
	第二节 基本打法	40
	第三节 基本踢法	58
	第四节 基本摔法	70
	第五节 基本拿法	84

第四章	客舱实战基本技能	108
	第一节 客舱内戒备	108
	第二节 客舱内移动与接敌	112
	第三节 客舱内失衡、倒地与自我保护	112
	第四节 客舱内强力攻击	113

第五章 客舱实战应用技能 ·················· 115
第一节 突袭制敌 ·················· 115
第二节 反袭制敌 ·················· 124
第三节 徒手格斗制敌 ·················· 135
第四节 夺凶器制敌 ·················· 138
第五节 搜身与强制带离 ·················· 147

参考文献 ·················· 149

第一章　基础知识

基础知识,是民航客舱制敌术体系中的基础性、常识性知识,对正确学习、科学训练以及依法合理有效地使用客舱制敌术具有重要的指导作用。

第一节　概述

本节阐述了民航客舱制敌术的定义与释义、形成与发展、特点与作用等内容,是航空安全员和民航院校空保专业学生在学习本课程时首先要了解和掌握的基础知识,以期对客舱制敌术的性质和概况形成正确的认知。

一、客舱制敌术的定义与释义

客舱制敌术,是航空安全员在依法处置飞行中民用航空器客舱内出现的扰乱行为、非法干扰行为等严重危害飞行安全的行为时,适时适度使用配备的器械,或在不准、不能,以及来不及使用器械的情况下,以徒手制止不法行为,管束或制服控制不法行为人(以下简称"敌")的一项专门技术,是航空安全员为保证顺利履行职责而必须具备和掌握的一项重要的空保实战技能。

航空安全员,是指为了保证航空器及其所载人员安全,在民用航空器上依法执行安全保卫任务、具有航空安全员资质的人员。航空安全员是使用客舱制敌术的主体。

民航客舱,是指民用航空器内所载乘客乘坐与有限行动的部分。此为航空安全员适用客舱制敌术的空间范围。

飞行中,是指航空器从装载完毕、机舱外部各门均已关闭时起,直至打开任一机舱门卸载时为止。航空器强迫降落时,在主管当局接管对该航空器及其所载人员和财产的责任前,应当被认为仍在飞行中。此为航空安全员使用客舱制敌术的时间范围。

航空器上的扰乱行为,是指在航空器上不遵守规定或不听从机组成员指示,从而扰乱航空器上良好秩序的行为。

航空器上的扰乱行为主要包括:
(1)强占座位、行李架的;
(2)打架斗殴、寻衅滋事的;
(3)违规使用手机或其他禁止电子设备的;
(4)盗窃、故意损坏或者擅自移动救生物品等航空设施设备或强行打开应急舱门的;
(5)吸烟(含电子香烟)、使用火种的;猥亵或性骚扰客舱内人员的;
(6)传播淫秽物品及其他非法印制物的;妨碍机组成员履行职责的;

(7)扰乱航空器上秩序的其他行为。

航空器上的非法干扰行为,是指在航空器上严重危害飞行安全的行为或未遂行为。

航空器上的非法干扰行为主要包括:

(1)非法劫持航空器;

(2)毁坏使用中的航空器;

(3)在航空器上扣留人质;

(4)为达到犯罪目的而将武器或危险装置、材料带入航空器;

(5)利用使用中的航空器造成死亡、严重人身伤害,或对财产造成损失,对环境造成严重破坏;

(6)散播危害飞行中或地面上的航空器内的旅客、机组人员安全的虚假信息。

制敌术之"制",字义为用强力约束、限定、管束,如压制、限制、管制、节制、制裁、制止、制服等。在此专指在民航客舱内对扰乱行为人进行劝阻、管束或在起飞前、降落后要求其离机,对非法干扰行为启动相应处置程序并对其行为人采取必要的制止、制服和控制措施的实战行动及过程。

制敌术之"敌",字义为有利害冲突不能相容的人。在此专指在民航客舱内实施扰乱行为和非法干扰行为等严重危害飞行安全的不法行为人,不涉及严格法律意义上"敌"之概念,又为文字叙述的简练和教学训练过程中称谓上的简便,统一将此两类不法行为人简称为"敌"。

制敌术之"术",字义为技艺、技术、方法、策略。在此专指在"制敌"过程中使用的专门技术,以及熟练掌握和有效使用此项技术的能力。

二、客舱制敌术的形成与发展

1973年8月,我国民航系统组建第一支国际航线空中安全员队伍(名称为中国民航北京管理局第一飞行总队保卫队),1981年6月中国民用航空局第一次组织全系统空中安全员骨干集训,教员由来自中国民航北京管理局第一飞行总队保卫队和公安局等有关单位业务部门的同志担任。学习训练的主要内容包括飞机常用(紧急)设备使用、体能训练、擒拿格斗、手枪射击和《国际民用航空公约》等课程。结业后各民航管理局以这批骨干为基础,先后组建航空安全员队伍,历经几十载,这支队伍伴随着民航业的发展而不断壮大,作为航空安全员主要技能培训内容之一的客舱制敌术也应运而生,顺势而发。

在技术路径上,客舱制敌术是根据民航空保工作的性质、特点和特殊空间要求,以我国民族传统武术的踢、打、摔、拿四大技击方法为基础,借鉴吸收散打、拳击、柔道、综合格斗等体育对抗项目的技术精华,在解放军侦察兵捕俘技术、武警擒敌技术、人民警察擒拿格斗技术的框架上初步形成,并在空保工作实践中顺应不断变化的国际、国内空保新形势、新变化而逐步发展、充实和完善起来的。

在技术内容上,目前已初步形成了包括基础培训(基础知识、基本功、基本技术)和客舱实战技能培训(客舱实战基本技能、客舱实战应用技能)等内容,以及具有鲜明民航空保特色的比较完整的技术体系。

在培训模式上,正在努力创造条件,逐步实现由在场馆地面条件下以提高基本功、基本技术水平为主要目标的集体操练、配合练习和达标、技评考核的制式化培训模式,向在模拟舱环境下以提高客舱实战技术水平和实战应用能力为主要目标的模拟实战培训模式的转变。部分相关单位和部门,已在先行先试,积极探索更高层次的培训模式,即以各航空公司制定的应急处置方案为依据,以机组成员的协同配合为依托,以实战综合演练为主要形式,以实现客舱制敌术在应急处置扰乱行为、非法干扰行为的实战过程中的合理配置和有效应用为终极目标的实战化培训模式。

由此,我们可以相信,客舱制敌术必将在我国民航空保工作中发挥越来越大的作用,做出新的更大的贡献。

三、客舱制敌术的特点与作用

(一) 客舱制敌术的特点

1 以拿为主,一招制敌

客舱制敌术体系是按照远踢、近打、靠摔、巧拿,以拿为主,一招制敌,制服控制的制敌原则确定的。将敌彻底制服控制,进而完全消除对民航飞行安全的危害,是航空安全员使用客舱制敌术的根本目的。

制服控制的内涵和标志是航空安全员使用强制性武力使敌驯服,并在敌不敢反抗、来不及反抗或无法反抗的情况下将敌牢牢控制约束(倒地拿法控制+器械铐、捆、束)并安全移交地面公安机关。

制服控制的实现路径是以踢、打、摔、拿技击方法为手段,能直接使用拿法制服控制的,就直接使用拿法;不便直接使用、无法单独使用或担心单独使用拿法无法制服控制的,可灵活使用踢、打、摔诸种技击方法,在踢倒、打倒、摔倒的基础上,顺势连接使用倒地拿法和器械将敌制服控制。

制服控制的实战要求是一招制敌,在动作要领上要快、准、狠、猛,力争一招见效;在技术运用上要干脆、利落,"不招不架,只是一下",不拖泥带水,不纠缠反复,不搞"花架子",摒弃烦琐多余的动作环节,尽快结束战斗;在技术动作选择上,以击打要害,反折关节的技术动作为主,采取一切必要的处置措施,在法律允许的范围内对敌严厉打击,决不心慈手软。

2 简单实用,便于掌握

客舱制敌术的技术动作是按照简单实用、易学易练、经历实战检验且实效显著的取舍标准确定的。其内容精炼,动作简单,便于掌握,便于普及,对场地器材的要求也不高,经过短期基础培训和实战技能培训,便能实战运用。既可在初任训练、日常训练、定期训练中进行系统学习,全面掌握。也可根据勤务需要,有针对性地选训部分内容,做重点提高。

3 突出实战,应变性强

客舱制敌术内容丰富,技术多样,以实战应用为主,强化实战要求并久经实战检验,因而具有很强的针对性和应变性,基本涵盖了空保勤务中需要使用客舱制敌术的各种情况,可满足制定应急处置方案时选用技术动作和机组协同配合演练的需要。因此,航空安全员可以根据不同的处置方案和机长指令,在不同敌我态势下,针对不同的处置情况和处置对象,相机处置,灵活运用不同的实战技能,以达到更好的制敌效果。

(二)客舱制敌术的作用

1. 客舱制敌术是克敌制胜的有效手段

近些年来,随着客舱制敌术的不断发展,航空安全员在执行职务时实战意识不断加强,对航空安全员使用器械和其他强制手段的法律规定也不断完善,客舱制敌术在有效制止扰乱行为、非法干扰行为和制服控制不法行为人,以及保障航空安全员在履行职务时的人身安全等方面的独特作用越来越被各级空保单位和广大航空安全员所熟知,客舱制敌术是克敌制胜的有效手段,已成为大家的共识。实践已经证明并将继续证明,只要航空安全员熟练掌握了客舱制敌术,具备了在实战中有效应用此项技术的能力,就能在空保勤务中做到以最小的代价赢得最大的胜利。

2. 客舱制敌术是提高战斗力的主要方法

衡量航空安全员战斗力的标准,不仅要看其装备水平,还要看其体能状况、协同配合能力以及制敌技术水平和实战应用能力。坚持对航空安全员进行经常性和严格的客舱制敌术训练,不仅能使其全面掌握使用列装器械以及徒手制敌的技能,而且能增强其体质和体能,提高速度、力量、耐力、抗击打能力,以及灵敏反应等专项身体素质,使其拥有并保持充沛的体力和能够激烈搏斗与对抗的能力;还能通过各种技战术的训练,提高其与机组成员协同配合、共同处置应急情况的能力。因此,客舱制敌术是提高航空安全员战斗力最主要的方法。

3. 客舱制敌术是培养优良意志品质和战斗作风的重要途径

客舱制敌术训练中的严格要求、紧张气氛、超负荷的大运动量和大强度训练以及和配手实战对抗的激烈程度,对培养航空安全员勇猛顽强、沉着冷静、机智果断、坚韧刚毅的意志品质和不惧强手、连续作战、奋力拼搏、服从命令、听从指挥的战斗作风具有非常显著的效果和独特的作用,是其他任何训练项目无法替代和比拟的。

第二节 生理知识

在对不法行为人使用客舱制敌术时,为了达到一招制敌的效果和将敌制服控制的目的,往往选择击打敌身体的要害部位和点穴拿脉、分筋错骨、反折关节等技术动作。同时,训练中的攻防配合练习和实战练习,也容易给配手身体造成不同程度的损伤。因此,航空安全员和空保专业学生必须掌握人体关节、要害部位等方面的相关生理知识,以便在训练和实战中,能合理使用技术动作,精准作用攻击部位,精确把控攻击力度。

一、人体关节

1 下颌关节

下颌关节由下颌骨的下颌小头与颞骨的下颌窝和关节结节构成,只能做开口与闭口运动,活动范围小。由侧面击打或挤挫下颌关节,可使其脱臼并影响头部和身体各部位的运动。用勾拳由下向上击打下颌,易伤舌头并对大脑产生强烈震动。重击后会造成骨折、头晕、恶心、呕吐、剧烈疼痛等现象,可在瞬间失去反抗能力。

2 颈椎关节

颈椎关节,俗称脖关节,由七块颈椎骨借膜性、软骨及骨性结合以及相邻椎骨的下、上关节突连接组成,是连接头颅和躯干的关节。其活动范围较大,能左右侧屈 45°、前屈后伸 45°、左右旋转 80°。如用力击打或过度扭转、推压,可使其失去正常的生理功能,并会影响身体的运动姿态;严重的甚至会造成颈椎受伤、错位甚至可导致脊髓受损,造成高位截瘫。

3 肩关节

肩关节由肩胛骨的关节盂和肱骨头构成,它是全身最灵活的关节,可做屈 90°、伸 45°、内收外展总和 90°～120°、旋内旋外总和 90°～120°,以及做环转运动。由于肩关节前下方肌肉较少,关节囊软弱,如向左右猛拧或向前、后扳拉,超过极限时,会使肩关节脱臼或肌肉、韧带拉伤甚至撕裂,从而造成剧烈疼痛甚至昏迷,使上肢丧失活动能力。

4 肘关节

肘关节由肱尺、肱桡、桡尺三组关节包在一个关节囊内组成。其主要能做屈伸运动。一般屈可达 140°,而超伸仅为 10°～20°。由于肘关节前后方没有韧带加强,在肘关节伸直后如受杠杆力击打或扳压,会造成关节损伤或肌肉撕裂,使手臂丧失运动功能。倒地时,如用手臂伸直撑地,会导致肘关节脱臼。

5 腕关节

由桡骨下端的关节面和尺骨下端的关节盘与舟、月、三角骨组成的关节头共同构成。活动范围较大较灵活,能屈 80°、伸 70°、内收 35°、外展 25°,以及做环转运动。如受外力猛烈击打或向前后左右扭转拧折,超过其活动极限,会造成关节损伤和韧带撕裂导致剧烈疼痛,从而丧失手腕运动功能并影响上肢运动功能。

6 掌指关节

掌指关节由五根掌骨小头与第一节指骨底构成。其能做屈 90°、伸 80°的运动。用力向前、后折压手指超过极限或向左右扭拧,都会造成关节损伤或骨折,从而丧失手指抓握功能。

7 腰椎关节

腰椎关节组成与颈椎关节相似,但比颈椎关节更加粗壮厚实,是维持身体前后平衡、连结身体上下运动的枢纽。腰椎关节可做较大幅度的屈、伸、侧屈、回旋及环转运动。当腰椎伸直站立或俯卧时，遭受由后向前或由上向下的猛力撞击或砸压，会造成剧烈疼痛，严重时会造成腰椎受伤或错位，损伤脊髓，导致下肢瘫痪。

8 髋关节

髋关节由股骨头与髋臼连接构成。因股骨头深嵌在髋臼之中，周围连接韧带又都坚韧紧张，覆盖包裹关节的肌肉群厚实有力，能做屈、伸、内收、外展及环转运动，但运动范围受限制，不够灵活。在实战中受对方击打而致髋关节损伤的可能性不大，但在自己做腿法训练及实战训练时，如准备活动不足或柔韧性较差、技术性错误等，易造成连接或跨越髋关节的韧带及肌肉拉伤甚至撕裂，导致下肢运动功能受限或丧失。

9 膝关节

膝关节为人体最大、最复杂的关节，由股骨下端、胫骨上端及髌骨连结而成。关节腔内有半月板，起润滑和缓冲作用。关节两侧有侧副韧带，起稳固制约作用。膝关节主要能做屈伸运动，正常屈伸度约130°。当膝关节伸直支撑身体时，关节处于紧密嵌合位置，此时如从膝关节前、后方向或左、右两侧猛力踢打，会造成关节腔内半月板损伤甚至撕裂或造成左右侧付韧带拉伤甚至撕裂，从而使下肢丧失运动功能。

10 踝关节

踝关节由胫骨、腓骨的下端以及胫腓横韧带与距骨滑车构成。可做背屈25°和跖屈45°的运动。如用力扳压或扭转脚掌，会造成踝关节损伤及韧带拉伤。

二、要害部位

1 头部

头部是人体最重要的部位。头部颅腔内有大脑、小脑和脑干，是控制人体生命活动的神经中枢。头部遭受暴力击打，轻者会造成脑震荡，重者会造成颅骨凹陷或颅内血肿而使颅腔内压力增高，形成"脑疝"而死亡。此外，头侧面的太阳穴（位于眼的后外侧略上方），受重力击打或撞击后易产生骨折，引发颅内硬膜外血肿，造成失语、昏迷，甚至死亡；头面部的双眼是人的视觉器官，当眼受到外力击打时，经眼心反射可造成心跳减慢，血压下降，甚至心搏骤停。当眼受到插入性的点状暴力攻击时，易造成出血或失明；位于头面部中央的鼻，内有丰富的血管，鼻梁骨较脆弱，受到外力击打时，易使鼻梁骨骨折和鼻腔出血，且出血较凶猛，重者还可造成脑震荡；头两侧的耳是人的听觉器官，作用于外耳的暴力击打，经过传导，可引起眩晕、站立不稳和跌倒。严重者，易击穿耳膜，导致耳聋。

2 颈部

颈部是影响人体生命活动的重要通道，颈部主要有正面的咽喉，两侧的颈总动脉和后面的颈椎。颈部被锁、被勒或咽喉被卡压以及颈总动脉被砍击，会造成呼吸困难，大脑缺血，或造成心脏反射性心跳停止而使人休克或昏迷。如用力过猛，会在短时间内使人窒息死亡。

3 胸部

胸腔两侧有肺,肺是呼吸系统中用于气体交换的最重要的器官。胸腔正中偏左有心脏和连通于心脏的大血管,是保证血液循环的动力器官和心血管系统的枢纽。胸部受到暴力击打、撞击或重力挤压、砸压,会使心、肺功能受到严重影响和损伤,造成呼吸困难,虚脱昏迷,严重的会造成心肺功能衰竭,从而导致死亡。

4 肋部

肋部由 12 对肋骨组成,并与 12 个胸椎以及胸骨共同构成骨性胸廓,保护胸、腹内脏器,并参与呼吸运动。由于肋骨细长脆弱,呈弓状弯曲,受到暴力击打、撞击或重力砸压时,易造成骨折,轻者疼痛难忍,影响呼吸,重者骨折端刺破胸、腹内脏器,造成循环障碍或体内大出血,导致休克甚至死亡。

5 腹部

腹腔内有肝、胆、脾、胃、肠、膀胱等脏器。腹壁内膜层上和各脏器外膜层上感觉神经末梢丰富,对痛觉感受非常灵敏。受到暴力打击后,会感到剧烈疼痛,引起反射性痉挛、呕吐或休克、昏迷,严重的会造成脏器破裂,体内大出血,从而导致死亡。

6 腰部

腰部是脊神经腰丛的出处,腰椎两侧还有肾脏,是人体重要的泌尿器官。由后侧或两侧击打腰部,可使脊神经腰丛部分和肾脏受损,失去正常功能,严重的可导致下肢瘫痪或因肾功能衰竭而死亡。

7 裆部

裆部是生殖器官所在处,人体感觉神经末梢最丰富、最敏感的部位。如受到顶、撞、撩、踢等打击,会剧烈疼痛和痉挛,严重时会导致休克、昏迷甚至死亡。

三、穴位

穴位,俗称穴道,是人体经络上具有抑制某一机体机能的点位。格斗中,结合踢、打、摔,实施点、掐、拿、压可以增强攻击威力,使人感到疼痛难忍,酸麻无力,昏迷休克,达到攻其一点,控制全身的制敌效果。

1 致人伤残,昏迷、死亡的穴位

(1)太阳穴:位于眉梢与外眼角之间,向后约一寸凹陷处。

(2)印堂穴:位于两眉毛内侧端中间处。

(3)翳风穴:位于耳垂后,张口凹陷处。

(4)哑门穴:位于颈后发际上 0.5 寸,第一颈椎和第二颈椎棘突之间。

(5)天柱穴:位于哑门穴旁约两横指处。

(6)廉泉穴:位于喉结中间处。

(7) 天突穴：位于胸骨切迹上缘正中上 0.5 寸凹陷处。

(8) 鸠尾穴：位于剑突下 0.5 寸处。

(9) 乳根穴：位于乳头直下,第五肋处。

(10) 命门穴：位于第二腰椎和第三腰椎棘突中间处。

(11) 志室穴：位于命门穴旁 3 寸处。

(12) 幽门穴：位于鸠尾穴旁 0.5 寸处。

(13) 章门穴：位于腋中线屈肘夹臂肘尖处。

2. 使人体局部暂时失去功能的穴位

(1) 肩井穴：位于第一椎骨之上,肩峰连线中点处。

(2) 巨骨穴：位于肩锁关节后缘、锁骨与肩胛骨形成的凹陷处。

(3) 肩内陵穴：位于锁骨肩峰与肩前腋前纹端连线中间处。

(4) 曲池穴：半屈肘,立掌,位于肘横纹处侧尽头与肱骨外髁连线中间处。

(5) 臂臑穴：位于三角肌下端,曲池与肩峰连线处。

(6) 少海穴：屈肘,举臂,位于肘内侧横纹尽头处。

(7) 尺泽穴：仰掌、微屈肘,位于肘窝横纹上,肱二头肌腱处侧处。

(8) 内关穴：位于小臂内侧,腕内横纹上 2 寸处。

(9) 外关穴：位于小臂外侧,腕背横纹上 2 寸处。

(10) 阳池穴：俯掌,位于第 3 至 4 掌骨直上,腕横凹陷处。

(11) 风市穴：直立时,位于大腿外侧,手臂下垂,中指尖所点处。

(12) 委中穴：位于腘窝横纹中点处。

(13) 承山穴：用力伸直脚尖使脚上提,位于小腿后侧"人"字沟处。

(14) 血海穴：屈膝,位于大腿内侧,髌骨上缘上 2 寸处。

(15) 颈臂穴：位于锁骨内三分之一与外三分之二交界处上 1 寸。

(16) 天容穴：位于下颌角后下方处。

注：拇指第一节的宽度约为 1 寸；四指并拢第二节的宽度约为 3 寸；食指、中指的宽度约为 1.5 寸。穴位相关知识可参见《中国针灸大全》及"全身经络穴位图"。

第三节　力学原理

客舱制敌术,虽动作繁多,但一招一式无一不是在力的作用下进行的。没有力,就谈不上克敌制胜。因此,掌握相关的力学原理,有利于更好地领会、掌握和应用客舱制敌技术的动作,提高训练质量和实战能力。

一、速度与力量

速度与力量是客舱制敌的两大基本要素。客舱制敌,要以快打慢,快速制敌,重创对手。

快速击打,一可使敌防不胜防,二可增大击打力量。力学原理表明,人体的各种动力性的动作都具有加速度,从牛顿第二定律公式 $F=ma$ 可以看出,运动物体加速度 a 与作用力 F 成正比;当物体质量 m 不变时,加速度越大,作用力也就越大。例如,重量为 60 千克的人,用同样的方法和力量击打,第一次的加速度为每秒 10 米,第二次的加速度为每秒 20 米,那么第二次的击打力就是第一次的 2 倍。

实践证明,用同样的力量快速击打比慢速击打的效果要好得多。训练中要求掌握和使用爆发力,就是这个道理。

二、重心与平衡

重力的作用点称为物体的重心,物体失去平衡的难易程度称为稳度,而取得平衡的关键在于重心的控制。

一个物体是否失去平衡,取决于该物体重心是否落在支撑面内。物体的重心落在支撑面之内,它就保持平衡;反之,它就失去平衡。另外,支撑面越大,稳度就越大,支撑面越小,稳度相对就越小;同样的支撑面,重心位置越高,稳度就越小,重心位置越低,稳度相对就越大。

力学上还用稳定角来反映重心与支撑面对稳度的影响,重力的作用线(重心垂线)和重心到支撑面边缘相应点连线形成的夹角叫稳定角。稳定角越大,稳度也越大;反之,稳定角越小,稳度越小。

因此,要想提高航空安全员在制敌时的稳定性,就要根据攻防的需要及时调整重心和支撑面。

实战中,如敌下潜抱住航空安全员左腿欲行摔法,航空安全员可骤降重心,右腿往后撤步,加大支撑面,增大稳定角,防止被敌摔倒;相反,亦可利用重心与平衡的关系克敌制胜,如航空安全员使用"夹颈别摔"动作,以右手臂夹住敌颈部,右脚上步别住其右脚阻其后退,突然左转腰上下交错用力,迫使敌失去重心而倒地,就是科学运用了重心与平衡原理的典型动作。

三、惯性与制动

惯性是运动物体固有的性质。实战中,敌我双方处在不停的运动中,就会产生惯性。

实战中,当敌不断凶猛地向航空安全员进攻时,正是航空安全员利用惯性,对其进行致命还击的最佳时机。如敌持匕首直扑过来,刺航空安全员腹部,航空安全员侧闪避其锋芒,使其落空,并趁势抓搂敌持械之臂,借助其前冲的惯性,"顺手牵羊",用力牵拉而使其前扑跌地;再如,敌猛冲过来,起腿蹬航空安全员腹部,航空安全员右侧身闪过,借助敌前冲的惯性,以右直拳迎击其头面部,必使其重创。

实战中,惯性与制动也是随动作的变化而相互变化的。既然航空安全员能利用敌的动作惯性加以击打,敌也可以利用航空安全员的动作惯性给其以还击。因此,航空安全员在实战中根据临敌情况,有时应破坏惯性而制动动作,以免给敌可乘之机。例如:鞭腿攻击是制敌时的重要招法,航空安全员利用鞭腿的动作惯性,以加大踢击的力度会使敌受到重创,但若踢空又不善于制动,就容易因惯性太大而转身,形成背部受敌的被动局面。因此,训练时应重视动作的制动,即加快攻防的应变转换,做到快动急停,能攻善守。

四、作用力和反作用力

力学原理表明:A物体给B物体施加一定的作用力,B物体必然对A物体也产生相应的反作用力,作用力与反作用力总是大小相等,方向相反。

实战中,航空安全员击打的力作用于敌的身体部位,这个部位也会对航空安全员产生相应的反作用力。航空安全员若不注意进攻方法,一味地蛮攻硬打,则有可能受到此反作用力的伤害。如航空安全员与敌缠抱在一起,航空安全员突然使用"勾脚前压"动作,将其压跌于地。这时航空安全员的身体重量,加上快速下压的重力加速度,势必给敌身体造成一个较大的压力(作用力),同样,敌的身体也对航空安全员的身体产生相同的反作用力。此时,如因技术方法不对,航空安全员下压时腹部正好压到敌屈曲的膝关节上,其膝关节产生的反作用力势必会对航空安全员造成严重伤害。因此,对敌施加打击力时,一定要尽量减少或避免敌身体对航空安全员身体形成反作用力而造成的伤害。

五、压力与压强

单位面积上受的压力称为压强。根据压强等于压力除以面积的公式可知,当压力一定时,受力面积越小,压强就越大;反之,受力面积越大,压强就越小。

实战中,无论使用何种技法,要尽可能使对敌施加的压强(击打力)增大,越大越好。用同样的力击打,如果着力面积相对减小,那么对这个部位打击力度(压强)就相对增大,被击打处就会受到更大的创伤。从人体的构造来看,指尖、肘尖、膝尖、掌根面积相对较小,若用同样的力量,以肘尖击打太阳穴、指尖戳击咽喉或掌根砍击颈外侧,比用拳面、掌心攻击的杀伤力要强得多。正如拳谚所说,"宁挨十拳,不受一肘"。因此,在制敌时,应多发挥肘、膝、指和掌根的威力,尽量指戳掌劈、肘顶膝撞,以减小攻击面积,加大压强(击打力),一招制敌。

六、合力与分力

将几个力集中作用于物体的某一点称为合力。出拳踢腿时,要求蹬腿、拧腰、转髋、顺肩,尽可能使身体各环节和攻击的拳腿合成用力,从而调动身体各部分力量集中于拳、腿的攻击点上,以求获得最大的击打力,这就是合力的原理。

分力指发出的击打力可分解成两个或两个以上方向的力。如击打直拳时,先抬肘再出拳,这就使出击的直拳产生向前和向上的分力;直拳击打时呈弧形下落,会使击打的直拳产生向前和向下的分力。分力使作用于人体的击打力大大减少。

实战中,我们常要求"收如弓、去如箭""发力顺达""力点准确",就是要求身体各环节用力协调一致,击打轨迹要准确,而不至于产生分力,削弱了击打效果。掌握了这个原理,在技术练习时,就能正确理解和掌握每个动作的发力特点和要求,如蹬腿是从里向外直蹬用力,而不应该向上撩腿以致产生分力;防摔时的转体拧腰,则是为了改变对方的发力方向,将对方的合力分解成分力,以达到防摔的目的。

第二章　基本功

　　基本功,是航空安全员和空保专业学生进行客舱制敌教学训练和制敌实战中必须具备的专项身体素质。它是在体能训练的基础上,根据学习、掌握和应用客舱制敌术的需要,以专门的练习形式进行的身体训练,包括手臂功、腰腿功、排打功和倒功。

　　武术拳谚曰有"练拳不练功,到老一场空;练拳不活腰,终究艺不高;打拳不溜腿,一世冒失鬼""要学打,先抗打;要练摔,先挨摔"等等,都形象地说明了练好基本功对于提高制敌水平和制敌实战能力的重要作用。

第一节　手臂功

　　手臂功,是发展和提高手、臂在客舱制敌教学训练和制敌实战中必须具备的以专项柔韧素质和专项力量素质为主的练习形式和练习方法。

一、手臂柔韧

1　肩关节柔韧

　　(1)压肩:两脚左右开立,上体前俯,两手抓握肋木或其他支撑物,上体和大臂上下弹动正压肩(图2-1);或左、右侧倾斜弹动侧压肩;也可两人面对面相互俯身搭肩,同时正压或侧压肩。

　　(2)拉肩:背对肋木或其他支撑物站立,两手向后上方正握肋木,向前挺腹后拉肩(图2-2);或侧对肋木或其他支撑物站立,两手在体侧上下抓握肋木或其他支撑物,腰外侧屈侧拉肩(图2-3、图2-4);也可两人相互后拉肩、侧拉肩。

　　(3)肩绕环:两脚左右开立,以肩关节为轴,单臂向前、后立圆绕环(图2-5),双臂同时向前、后立圆绕环(图2-6),双臂同时向前、后交叉立圆绕环;也可双手搭胸前,屈臂做单、双、交叉三种形式的前、后立圆绕环练习(图2-7)。

　　要求:各项练习要循序渐进,逐步增加练习的幅度、力度,并提高速度。双人练习要严格按规范操作,把握好分寸,避免因用力过猛、幅度过大而造成关节损伤或肌肉、韧带拉伤。

2　肘关节柔韧

　　(1)肘屈伸:两脚左右开立,两臂弯曲,十指交叉,掌心向前,快速向前屈伸肘关节(图2-8);或两手在头后十指交叉,快速向上屈伸肘关节(图2-9)。

图 2-1　肩

图 2-2　打肩（一）

图 2-3　打肩（二）

图 2-4　打肩（三）

图 2-5　肩绕环（一）

图 2-6　肩绕环（二）

图 2-7 肩绕环(三)

图 2-8 肘屈伸(一)

（2）肘绕环：以肘关节为轴，小臂在体前快速向前、后立园绕环（图 2-10），可单臂练习，也可双臂同时或交替练习或在身体左右两侧练习，还可结合直拳技术练习，在肘绕环过程中向前击打直拳或做打"梨球"练习，以提高肘关节绕环的速度和灵活性。

图 2-9 肘屈伸(二)

图 2-10 肘绕环

要求：循序渐进，逐步提高练习的速度和身体的灵活性、协调性。肘绕环要与直拳技术练习相结合，以提高直拳的出拳速度。

3 腕关节柔韧

（1）抖腕：以腕关节为轴，两手掌同时快速向前、向后进行最大限度抖动。

（2）压腕：以腕关节为轴，一手卷，压另一手掌，迫其向前、后、左、右四个方向最大限度地屈、伸和内外旋转。

（3）腕绕环：两手十指交叉，掌心相贴，以腕关节为轴，向前、后、左、右连续做绕环练习。

要求：循序渐进，逐步提高练习的幅度、速度和身体的灵活性、协调性。压腕要注意用力分寸，以防受伤。

二、手臂力量

1 俯卧撑

(1)俯卧拳撑：身体俯卧，两手握拳以拳面撑地，按俯卧撑动作要领连续练习(图 2-11)。

图 2-11　俯卧撑

(2)俯卧指撑：身体俯卧，两手五指分开以指端撑地，按俯卧撑动作要领连续练习(图2-12)。

图 2-12　俯卧指撑

(3)击掌俯卧撑：以俯卧掌撑或俯卧拳撑动作将上体快速撑起腾空，两手在体前以掌心相击，然后落地成俯卧掌撑或俯卧拳撑，连续练习(图 2-13)。

图 2-13　击掌俯卧撑

击掌俯卧撑训练请扫描以下二维码观看、学习。

视频1 击掌俯卧撑

要求:拳、指撑地要稳固,俯卧撑过程中身体平直,平起平落;击掌时腾空要高,击掌要响。各项练习要循序渐进,逐步增加练习次数、组数和难度(由松软地面到硬化地面,由不腾空到腾空,增加脚部支撑高度等)。

2 推举

(1)平推杠铃:两脚左右开立,屈臂正握杠铃置于胸前,向前快速直臂平行推出,迅速收回,可结合基本步法连续练习(图2-14)。

(2)立推杠铃:杠铃立置,以格斗式站立在杠铃一侧,前手或后手立握杠铃的杠部,以前手直拳或后手直拳(立拳)动作向前推击杠铃,收回后连续练习,可左、右架交替练习(图2-15)。

图2-14 平推杠铃

图2-15 立推杠铃

(3)卧推杠铃:上体仰卧于卧推凳上,屈臂正握杠铃置于胸前,向上直臂推起,落下后连续练习。

(4)马步推砖:马步站立,两手正握砖屈臂置于腰侧,两手交替内旋直臂向前推出,外旋屈臂收回至腰侧,连续练习。

要求:各项练习要循序渐进,逐步增加练习次数、组数和重量。平推要突出快速出拳的发力特点,立推要分别体现前、后手直拳出拳的发力特点;卧推和立推时要有人保护,以防被杠铃砸压;马步推砖可逐步由单手握持一块砖向单手握持两块砖过渡。

3 抓拧

(1)抛抓沙包:原地一手抓沙包上抛,另一手在沙包下落时接抓,两手交替练习;可做绕身体各部位前后左右抛抓练习,也可做二人或多人相互抛抓练习。

(2)拧千斤棒:两脚左右开立,两臂前伸平举,两手正握一根重物(砖或哑铃)的短木棒(图 2-16),手腕交替用力旋拧卷起重物后,再反方向旋拧木棒,落下重物,连续练习。

(3)三抓腕:两人相对左弓步站立,互架左臂(图 2-17),依次交替做刁掳、缠拧、推切手腕练习,一侧练毕,换另一侧练习。

要求:各项练习要循序渐进,逐步增加练习次数、组数、重量或持续时间及练习力度。抛抓沙包要注意安全,防止手指受伤;三抓腕练习时双方要降低重心,站稳,并相互给予适当抗力,以增加练习强度。

图 2-16 拧千斤棒

图 2-17 三抓腕

4 击打

(1)击打沙袋:以各种拳法、掌法、肘法击打悬挂的沙袋(图 2-18、图 2-19)。

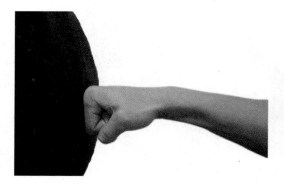

图 2-18 击打沙袋(一)

图 2-19 击打沙袋(二)

(2)击打靶桩:以各种拳法、掌法、肘法击打手靶、墙靶或各种人形靶桩、木桩(图 2-20、图 2-21、图 2-22)。

图 2-20 击打靶桩(一)

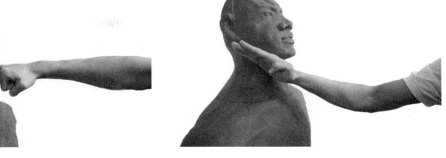
图 2-21 击打靶桩(二)

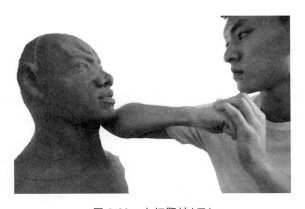
图 2-22 击打靶桩(三)

(3)负重空击:手握短重棒(铜、铅、铁、钢实心棒均可)或小哑铃,或戴装铁沙手套,或小臂绑薄沙袋,做各种拳法、肘法的空击练习(图 2-23、图 2-24)。

图 2-23 负重空击(一)

图 2-24 负重空击(二)

要求:各项练习要循序渐进,逐步增加练习的密度、强度,逐步增加沙袋的重量和负重空击时的负重重量。同时要严格按技术要求练习,不能因击沙袋、靶桩或手臂负重而出现动作变形、僵硬及步法迟钝等错误。

第二节　腰腿功

腰腿功,是发展和提高腰、腿在客舱制敌教学训练和制敌实战中必须具备的以专项柔韧素质和专项力量素质为主的练习形式和练习方法。

一、腰腿柔韧

1 腰部柔韧

(1)柔腰:两脚左右开立,两手叉腰,上体和下肢不动,腰部向前、后、左、右环绕柔转。

(2)俯腰:两腿并拢挺直,上体向前俯腰和向左、右两侧俯腰时,两手十指交叉,掌心向脚前和向左、右两脚外侧触压地面;两脚左右大开立(约两步宽),上体向前俯腰时,两小臂相抱,以小臂或肘尖触地(图2-25),或两手分抱两脚踝,以头顶触地(图2-26)。或上体向左或右侧俯腰时,两手合抱左或右小腿,脸贴小腿(图2-27)。

图 2-25　俯腰(一)　　　　　图 2-26　俯腰(二)

图 2-27　俯腰(三)

(3)转腰:两脚左右开立,以腰为立轴,屈两臂,立肘,随上体向左、右两侧平行转动(图2-28、图2-29、图2-30);两脚左右开立,上体在前俯状态左、右转腰,带动左右腿在挺膝直腿状态原地踏步或向前、后、左右移动,两臂垂直,两手松握拳,随转腰在同侧腿落地时以拳面轻击地面（图 2-31）；两脚左右大开立，上体在前俯状态左、右转腰，屈两臂，两手松握拳，随转腰以左拳面击打右脚背附近地面，右拳面击打左脚背附近地面（图 2-32、图 2-33）。

图 2-28　转腰（一）

图 2-29　转腰（二）

图 2-30　转腰（三）

图 2-31　转腰（四）

要求：各项练习要循序渐进，逐步提高练习的幅度、速度、力度和难度，逐步增加练习的次数、组数和时间。不要急于求成，不能蛮练，以防肌肉、韧带拉伤，以及腰椎受伤。凡能左右对称的练习，一定要均衡对称练习，以防偏重或偏废。

2　髋关节柔韧

（1）站立压腿：一腿直立，另一腿以正蹬腿、侧踹腿、鞭腿起腿时的屈腿姿势，或动作完成时的直腿姿势，架在肋木或其他支撑物上，两手辅助用力或保持平衡，按腿法的柔韧性要

图 2-32 转腰（五）

图 2-33 转腰（六）

求做屈腿和直腿的压腿练习（图 2-34）。两腿屈、直两种压腿方法交替均衡练习。

（2）坐、跪压腿：两腿伸直并拢或左、右分开坐于垫上，两手从外侧分抓脚掌，上体前俯或侧俯压腿练习（图 2-35）；屈两腿，小腿内收，两脚掌心相对，上体正直，以禅坐姿势坐于垫上，两手分按两膝，向下压腿练习（图 2-36）；屈腿，两髋关节外展，上体前俯，两手小臂前撑，以蛙式姿势跪伏于垫上，向后下做压腿练习（图 2-37）；一腿伸直，一腿屈，髋关节外展，上体前俯，以跨栏式姿势坐跪于垫上，向前、侧压腿练习（图 2-38）。

（3）转髋：一腿直立，同侧手扶握支撑物，另一腿屈膝勾脚尖，以髋关节为轴，做正面屈腿转髋练习（从右向左或从左向右划画360°）。

要求：同腰部柔韧练习。

图 2-34 站立压腿

图 2-35 坐压腿（一）

图 2-36 坐压腿（二）

图 2-37　跪压腿（一）　　　　　　　图 2-38　跪压腿（二）

3　膝关节柔韧

（1）膝绕环：两腿并拢屈膝半蹲，两手分按膝关节，两膝同时由左向右或由右向左绕环；或两膝分开，同时由前向后或由后向前绕环。

（2）双膝蹲起：两腿并拢屈膝深蹲，提踵，两手分按膝关节，起立时，上体前俯，两手后按挺直膝关节，做连续蹲起练习。

（3）单腿抱膝：一腿直立，另一腿分别按正蹬腿、侧踹腿、侧弹腿起腿时的不同屈膝要求屈膝独立，同时两手抱膝，保持平衡和稳定（图 2-39、图 2-40）。

图 2-39　单腿抱膝（一）　　　　　　　图 2-40　单腿抱膝（二）

要求：循序渐进，逐步增加膝关节运动的幅度、速度、高度和难度，防止膝关节受伤。

4　踝关节柔韧

（1）踝绕环：一腿站立，另一腿以脚尖点地，以踝关节为轴，向前、后、左、右连续绕环，两踝交替练习。

（2）跪压：两腿并拢屈膝，两脚背绷直，跪于垫上，臀部后坐在两个脚后跟上，下压脚背。

(3)扳压：坐于垫上，两手握住一脚掌，以踝关节为轴，向前、后、左、右方向施压扳转。
要求：同膝关节柔韧练习。

二、腰腿力量

1 卧起

(1)仰卧起：身体仰卧，两脚由同伴固定，两手十指交叉抱于脑后，收腹起坐，上体向腿部前俯的过程中，以左、右肘尖为力点，向左、右侧依次转腰发力，然后还原仰卧，连续练习（图2-41）。

图2-41 仰卧起

(2)侧卧起：身体侧卧，两脚由同伴固定，两手十指交叉抱于脑后，收腰侧起，上体向小腿外侧部尽量侧弯屈，然后还原侧卧，连续练习（图2-42）。

图2-42 侧卧起

(3)俯卧起：身体俯卧，两脚由同伴固定，两手放于耳后，仰头挺腰，上体尽量向后上挺起，然后还原俯卧，连续练习（图2-43、图2-44）。

要求：按体能训练中增长爆发性肌肉力量的训练方法和实战中腰、腹、背肌肉发力的特点进行练习。练习中注意循序渐进，合理安排训练负荷，以免造成过度疲劳和肌肉拉伤。

图 2-43 俯卧起（一）

图 2-44 俯卧起（二）

2 角力

(1)拔腰：两人侧身俯腰，双手相互夹抱对方腰，一人挺腹将对方原地拔起，放下后两人交替练习(图 2-45、图 2-46、图 2-47)。

(2)摆荡：正面抱住对方腰，抱起后，分别连续向左、右两侧转腰摆荡，对方做搂抱收腹摆腿配合，两人交替练习(图 2-48)。

(3)吊撑：对方仰卧呈肩肘倒立，将双脚吊挂在民航安全员颈部，民航安全员双手抱住对方双腿，挺腹弓身支撑，将对方连续收腹拉起(图 2-49、图 2-50)；或对方双手搂挂民航安全员颈部，双腿骑夹在民航安全员腰胯上，民航安全员做连续挺腹弓身支撑练习(图 2-51)，两人交替练习。

要求：各项练习要循序渐进，逐步提高练习的幅度、速度和力度，逐步增加练习的次数和组数，并通过更换更大体重配手等方法，逐步提高练习的负荷强度。同时强调角力练习要严肃认真、默契配合，严禁开玩笑或随意、不配合等现象。

3 踢腿

(1)屈腿踢：在屈腿压腿、转髋和抱膝等柔韧性练习的基础上，原地或行进间做各种屈腿踢练习(图 2-52)；也可结合步法(前、后垫步等)做屈腿踢练习或负重(绑沙袋、压杠铃片等)做屈腿踢练习。

图 2-45　拔腰(一)　　　　图 2-46　拔腰(二)

图 2-47　拔腰(三)　　　　图 2-48　摆荡

（2）直腿踢：在直腿压腿练习的基础上，原地或行进间做各种直腿踢（正踢、侧踢、里合、外摆）练习（图 2-53），也可结合步法（前、后垫步等）做直腿踢练习或负重（绑沙袋）做直腿踢练习。

（3）踢沙袋和靶：在屈、直腿压、踢练习和初步掌握了的基本腿法技术动作的基础上，以各种腿法进行踢沙袋、踢脚靶和踢人形靶练习。

图 2-49　吊撑（一）

图 2-50　吊撑（二）

图 2-51　吊撑（三）

图 2-52　屈腿踢

要求：各种踢法要循序渐进，逐步提高屈、直腿踢的幅度、速度和力度，同时要求踢腿时两手在体前抱拳立肘配合。踢沙袋和靶，要在教练指导下，结合腿法练习进行。

4　弹跳

（1）跳绳：双手摇绳，单腿跳、左右腿交替跳、双腿同时跳。可原地连续练习、交换跳法练习或小范围多方向移动中练习。

（2）架腿撑跳击拳：一腿架于支撑物上（略高于膝），另一腿单腿支撑向上跳起的同时，上肢配合空击前手直拳（或后手直拳，或前、后手直拳组合），跳起一次，空击一次直拳，连续练习（图 2-54）。

图 2-53 直踢腿　　　　　图 2-54 架腿撑跳击拳

（3）纵跳转腰击拳：两腿并拢，原地直腿向上纵跳至最高点时，上体快速连续向左、右平行转腰，左、右手随转腰向前击出直拳。落地还原后，连续练习。

要求：循序渐进，逐步提高各种弹跳练习的速度和高度，逐步增加练习的次数和组数。同时注意全身尤其是上、下肢的协调配合，并注意与其他基本功练习交替循环进行，避免局部过度疲劳。

第三节　排打功

排打功，是发展和提高身体各主要部位在客舱制敌教学训练和制敌实战中必须具备的以专项抗外力击打能力和抗反作用力冲击能力为主的练习形式和练习方法。

一、头部排打

1 自我排打

（1）徒手排打：原地站立，两手松握拳，分别以拳心、拳轮、拳面向头顶、前额、头两侧及眼眶、面颊、口鼻三角区和下颌等部位进行自我排打,左、右拳交替排打练习。

(2)戴拳套排打:两手戴拳击手套,练习方法与徒手排打相同。

(3)持器械排打:两手分别持木板、手靶、橡胶砖等器械,以与徒手排打相同方法进行练习。

要求:严格按徒手排打—戴拳套排打—持器械排打的顺序练习,排打的力度要适宜,由轻到重,逐步增加。练习时,头部要正直,颈部肌肉保持一定紧张度,内收下颌,目视前方,合唇咬齿,以鼻孔呼吸,闭气排打。头颈部不可松懈摇晃或偏歪,不要闭眼。

2 双人排打

在自我排打练习基础上,两人相对,间隔一步,一人按自我排打要求准备承受排打,另一人按自我排打的方法和步骤对其进行排打。两人交替练习。

要求:同自我排打。双人相互排打时要严肃认真,严禁开玩笑和动作轻微化、随意化。排打一方要掌握好动作节奏、分寸和力度。

二、手臂排打

1 自我排打

(1)拳、掌排打:原地站立,左臂前伸,右手以拳心、拳轮或掌心、掌根沿左大臂向下依次密集排打。两臂交替练习。

(2)器械排打:在拳、掌排打练习基础上,一手持短木棍或沙条或手靶或橡胶砖等器械,按与拳、掌排打相同的方法进行练习。

(3)靠桩排打(俗称"三靠臂"):面对木桩、沙袋或树干,呈左弓步站立,以右小臂背面及左、右两侧面依次向木桩、沙袋或树干靠击排打,然后原地右转呈右弓步,左小臂以同样方法靠击排打。左右交替练习。

要求:排打力度由轻到重,排打方向由上至下。手臂内侧因浅层静脉血管较多,不做排打。排打时以鼻吸气,吸满后闭气排打,排打完后呼气,排打中气闭不住时可停止排打,换气后再行排打。

2 双人排打

(1)在自我排打练习基础上,两人相对,以拳掌排打、器械排打的要领相互进行排打。

(2)在靠桩排打基础上,两人相对,呈左弓步站立,间隔一步,各以右小臂为"桩",相互"三靠臂"排打(图2-55)。之后原地右转呈右弓步,各以左小臂相互靠臂排打。左右交替练习。

要求:同自我排打要求。在双人手臂排打的过程中,手臂要绷紧肌肉,将内气提、布于全臂,在承受对方击打的一瞬间,鼓足内劲,以产生极强的抗打力。

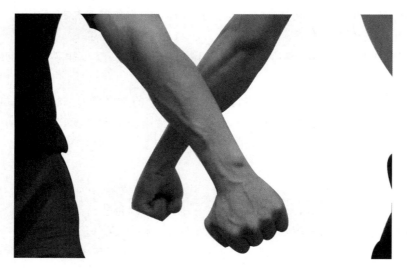

图 2-55 双人排打

三、躯干排打

1 自我排打

(1)正面排打:两脚左右开立,膝微屈,两手松握拳,以拳心为力点交替排打躯干正面腹、胃、肋、胸等部位。

(2)前后排打:站法与握拳同自我排打,右拳在体前以拳心为力点,左拳在体后以拳背为力点,同时排打躯干正面和背面,两拳前、后交替练习,躯干正面、背面各部位依次排打。

(3)持器械排打:在自我排打、前后排打练习基础上,两手持沙条、手靶、橡胶砖等器械,分别以自我排打、前后排打两种拍打方法进行练习。

要求:掌握好排打力度,由轻到重,逐步加力。同时采用逆势呼吸方法,排打间隔时吸气,小腹内凹;排打到躯干的同时呼气,小腹外凸,以提高腹内压和胸内压,增强内脏器官抗震、抗击打能力。

2 双人排打

(1)戴拳套排打:两人相对,间隔一步,一人马步或弓步站立,两肩张开,两臂立肘抱拳,微含胸,屏息憋气,小腹微凸,另一人双手戴拳套,以直、摆、勾等拳法交替对其躯干正面胸、腹、胃、肋等部位进行排打。两人交替练习。

(2)腿法排打:一人站法同戴拳套拍打(可穿护具),另一人由前以蹬、踹等腿法对其躯干正面进行排打,或由侧以鞭腿分别对其躯干正面和背面进行排打。两人交替练习。

(3)持器械排打:一人站法同戴拳套排打,另一人双手持木板条或脚靶等器械,由侧分别对其躯干正面和背面进行排打;或一人仰卧(或坐卧)于地上,另一人手持实心球向其腹部抛击。两人交替练习。

要求:同自我排打要求。

四、腿脚排打

1 自我排打

（1）站立腿脚相互排打：单腿站立，另一腿屈膝，分别以脚跟、脚背、脚内外侧对站立腿小腿的前、后、内、外侧等部位排打。两腿交替练习。

（2）坐姿双拳排打：坐地，赤脚，两腿屈膝前伸，两拳同时以拳背、拳心、拳轮排打同侧大腿、小腿及脚掌各部位。

（3）器械排打：坐姿同坐姿双拳排打，两手分别持沙条、短棍、手靶、脚靶等器械，拍打大腿、小腿及脚掌各部位。或赤脚站立，分别以蹬、截、踹、鞭等各种腿法踢击沙袋、硬质胸靶、脚靶、木桩、木板、实心球等硬物。

要求：同手臂排打要求。

2 双人排打

（1）站立排打：一人站立，站法同躯干排打中的双人排打。另一人分别以较低的侧踹腿、鞭腿对其大腿及小腿的正面、侧面、侧后面进行排打。两人交替练习。

（2）坐姿排打：一人坐姿，两腿赤脚挺膝前伸。另一人跪立手持脚靶等器械，排打其大腿、小腿及脚背。两人交替练习。

要求：同手臂排打中的双人排打要求。

第四节　倒功

倒功，是发展和提高身体各部位在客舱制敌教学训练和制敌实战中必须具备的倒地时的自我保护能力和抗反作用力冲击的承受能力，倒地后的防守还击能力和顺势快速实施地面控制能力，以及专门以倒地动作对敌实施攻击的技术动作和练习方法。

预备姿势：在立正的基础上，左脚向左分开，约与肩同宽，屈膝半蹲，两臂后摆，掌心向后，上体稍前倾，目视前方。

一、前倒

1 原地前倒

要领：立正姿势；脚尖并拢，两腿和躯干挺直，上体前倾倒地；同时，两臂屈肘，置于胸前，掌心向下，稍收腹含胸，屏息憋气，以两掌、小臂及两脚前掌着地支撑，躯干和两腿平直悬空，抬头，目视前方（图2-56）。

图 2-56　原地前倒

视频 2　原地前倒

要求：前倒要快，全身保持紧张，两手臂用力拍地并保持相应支撑力，以减缓着地时的冲力。

2　跃起前扑

要领：预备姿势；两脚蹬地，向前腾空跃出；同时，两臂前摆，掌心向下，屈臂，以两掌、小臂及两脚内侧着地支撑，两腿分开，距离略比肩宽；稍收腹含胸，屏息憋气，跃起，躯干和两腿平直悬空，抬头，目视前方。（图 2-57）

视频 3　跃起前扑

要求：跃起要有一定高度和远度。两臂前摆要远，以保证落地时肩、肘关节有缓冲的余地。

图 2-57　跃起前扑

二、后倒

1　团身后倒

要领：预备姿势；左脚向后撤一步，屈膝下蹲，降低重心；随即低头团身后倒，依次以臀、腰、背着地；两手合抱后脑，两腿屈膝，收腹勾脚尖，脚掌正对前方，目视前方（图2-58）。

要求：后撤下蹲要快，低头，团身，屈膝要紧，两手用力护头。

图 2-58　团身后倒

视频 4　团身后倒

2 仰身后倒

要领：预备姿势；两臂前摆，两膝前下顶，上体后仰倒地；同时右腿挺膝勾脚尖上踢，挺腹，低头，两手臂呈弧形在体侧用力拍地，以手臂、肩背和左脚掌着地支撑，屏息憋气，目视前上方（图 2-59）。

图 2-59　仰身后倒

视频 5　仰身后倒

要求：摆臂拍地要快，右腿上踢要高，要直，身体重心上提。后仰、挺腹、低头、踢腿和拍地要协调一致，同时完成。

三、侧倒

1 插腿侧倒

要领:预备姿势;右腿向左侧下插,身体向右侧倾倒;同时,右手臂向左上摆动后,在身体右侧用力向下直臂拍地,以右手臂、右腿外侧和身体右侧着地,左腿屈膝挺髋支撑,左手置于胸右侧前方;侧抬头,目视右手指方向(图 2-60)。

图 2-60　插腿侧倒

视频 6　插腿侧倒

要求:插腿要长、远,以最大限度降低身体重心。插腿、摆臂、拍地、身体侧倒要协调一致,同时完成。

2 盖腿侧倒

要领:预备姿势;两臂向左后弧形上摆下拍,同时,起右腿向左后以弧形上摆下盖,身体左后转体 180°,侧倒;以左臂、右手掌、左腿外侧和右脚掌着地支撑;两腿弯曲成剪刀状,侧抬头,目视右上方。

要求:摆臂、盖腿幅度要大,要高,转身要快。摆臂、转身、盖腿和着地支撑要连贯协调。

四、综合倒地

要领:在熟练掌握单个倒地技术动作的基础上,将数个不同的倒地动作随机编排成多个倒地动作组合,以客舱实战要求为依据,进行综合倒地练习。

要求:组合内动作要快速连贯,快倒快起,不要有明显停顿、迟疑和犹豫。组合与组合之间要掌握好节奏。练习时,倒地技术动作允许有一定程度的变形。

第三章　基本技术

基本技术,是客舱制敌术中最基本的技术动作和攻防方法,包括基本姿势与步法、基本打法、基本踢法、基本摔法、基本拿法以及相应的防守方法和各类攻防组合技术。正确学会和全面掌握基本技术,准确理解和领会动作要领,形成正确的动力定型及思维定式,养成良好的动作习惯和攻防意识,对进一步学习、掌握和运用客舱制敌术中的实战应用技术,提高制敌技术水平和实战制敌能力具有重要意义。

第一节　基本姿势与步法

基本姿势,是进攻或防守前以及攻防转换过程中的一种最常用的临战身体姿态和架势,包括手型、步型和实战姿势。其特点是暴露面小,支撑稳固,起动迅速,移动灵活,攻守兼备。

基本步法,是制敌过程中为使自己处于有利的进攻或防守位置,保持身体重心平稳而采用的脚步移动变换的基本方法,是打、踢、摔、拿各种技法赖以实现的基础。其特点是:步随身走,手到脚到,弹性移动,轻灵快捷。

一、基本姿势

(一) 手型

1. 拳型

要领:四指并拢卷曲握紧,大拇指紧扣在食指和中指的第二指节上。(图3-1)

图3-1　拳型

要求:拳面平,腕关节平直坚挺。击打前,拳松握(保持拳型,拳心中空)。击打时,拳紧握、攥实。

2 拳型变化及用途

（1）俯拳：拳心向下，用于直拳、摆拳击打，力达拳面。
（2）仰拳：拳心向上，用于勾拳击打，力达拳面。
（3）立拳：拳眼向上，用于近身短直拳、摆拳击打腰、腹等部位，力达拳面。

3 掌型

要领：四指并拢伸直，屈大拇指紧贴虎口处。（图 3-2）

图 3-2　掌型

要求：四指并紧挺直，掌心微凹。击打前，掌松弛（保持掌型，五指微屈），击打时，掌持紧，拢实。

4 掌型变化及用途

（1）立掌：掌心向前，手掌与小臂约成直角，用于推、挡，力达掌根。
（2）直掌：掌心向下或向侧，手腕挺直，用于插、戳，力达指端。
（3）横掌：掌心斜向侧下，用于劈、砍，力达掌外缘。
（4）八字掌：掌心向下或向侧，拇指向外分开，与四指呈"八"字形，用于抓、卡、扼，力达虎口和指端。

（二）步型

1 弓步（以左弓步为例）

要领：左脚前迈一大步，屈膝弓立，右腿挺膝绷直，脚尖内扣。上体对正前方，两手握拳于腰际，两眼前平视（图 3-3）。
要求：步幅要大，重心要稳，前腿弓，后腿绷，挺胸、塌腰、前、后脚呈一直线。
用途：主要用于配合后手直拳重击和抱腿顶摔、绊摔等动作。

2 马步

要领：左脚左跨一步，略比肩宽，屈膝半蹲，重心落于两腿之间。两手握拳于腰际，两眼向前平视（图 3-4）。
要求：姿势要低，重心要稳，上体正直，挺胸、塌腰、提肛，两脚后跟和膝盖向外撑力。
用途：主要用于配合过背、过腰摔法和骑压拿法等各种动作。

图 3-3　弓步　　　　　　　　　　　图 3-4　马步

❸ 仆步（以右仆步为例）

要领：左脚向左跨一大步，屈膝深蹲，右腿向右挺直平仆，脚尖内扣，全脚掌着地。两手握拳于腰际，两眼向右平视（图3-5）。

图 3-5　仆步

要求：步幅要大，重心要低，挺胸、塌腰，平仆腿脚掌不得外掀。
用途：主要用于绊腿摔法、骑压拿法以及折腕牵羊等动作。

❹ 跪步（以右跪步为例）

要领：左脚左跨一步，屈膝深蹲，上体左转，右腿屈膝内扣以膝跪地，右脚前掌撑地，两手握拳于腰间，两眼左平视。
要求：下跪要快，跪步要稳，跨步、转体、下跪要协调一致。
用途：主要用于跪腿摔法和跪压拿法等动作。

（三）实战姿势（格斗势）（以右格斗势为例）

要领：身体半面向右转的同时，右脚后撤一步，脚前掌着地，脚后跟提起，脚尖外展 45°。左脚掌着地，脚尖内扣 15°；左脚尖与右脚跟位于一条正向前的直线两侧，两脚间隔与肩同宽；两膝微屈，身体重心落在两脚之间；两手握拳，屈两臂，大、小臂夹角约为 60°；左拳在前，拳心向右，肘尖下垂靠近左肋；右拳在后，拳心向内，距身体约一拳距离，大臂贴靠右肋；身体斜对前方，微收腹、含胸、沉肩、收下颌，两眼平视前方（图 3-6）。

要求：整体姿势要轻松、协调、自然，外形放松，内劲蓄足，充满弹性，保持咄咄逼人、随时准备出击的气势，并在制敌过程中做到起动迅速，转换自如，攻防相宜，架势不散、不乱。

用途及变化：主要用于进攻或防守前的准备姿势和实战中的姿势调整，是广泛运用的一种最基本的实战姿势。此外，随着个人技术水平的提高和制敌经验的丰富，以及逐步形成的个人技术特点和动作习惯，实战姿势还可以有各种变化，如左格斗势（图 3-7）、单手势（图 3-8）、分掌势（图 3-9）、自由势（图 3-10）等。

图 3-6　实战姿势（一）　　　图 3-7　左格斗势　　　图 3-8　单手势

图 3-9　分掌势　　　　　　　图 3-10　自由势

二、基本步法(以右格斗势为例)

(一)前进步法

1 上步

要领:右脚由后取捷径上前一步,身体左转,左脚前掌随即辗转,脚尖外展,两拳随身势自然变换,呈左格斗势(图3-11)。

要求:上步快捷,重心平稳,换架自然、协调。上步步幅和步数可根据制敌需要,灵活调整。

用途:主要用于配合上肢各种打法、各种进身摔法和变换左、右架势。

视频7　上步

2 前滑步

要领:左脚前掌向前擦地滑进一步,右脚前掌蹬地向前紧跟滑进一步。滑步时保持右格斗势(图3-12)。

图3-11　上步

图3-12　前滑步

要求:前滑步重心平稳,轻灵快捷,脚步不迈、不跳、不拖。前滑步幅和步数可根据制敌需要灵活调整。可前滑一小步,也可前滑一大步或连续前滑数步。

用途:主要用于配合上肢各种打法。

视频8　前滑步

3 前垫步

(1) 后脚前垫步

要领:右脚由后向前擦地进步到左脚位置,左脚随即向前擦地滑进一步,或提膝向前迈进一步。垫步时保持右格斗势(图3-13)。

视频9　后脚前垫步

(2) 前脚前垫步。

要领:左脚向前擦地进步,右脚随即提膝向前迈进一大步,落于左脚前,呈左格斗势(图3-14)。

图 3-13　后脚前垫步

图 3-14　前脚前垫步

要求:前垫步要快速急促,重心平稳,上体不得后仰。
用途:主要用于配合下肢各种踢法和各种进身摔法。

视频10　前脚前垫步

(二) 后退步法

1 撤步

要领:左脚由前取捷径后撤一步,脚尖外展,同时身体左转,右脚前掌辗转,脚尖内扣,两拳同时交换,呈左格斗势,只有方向、顺序相反。

要求:同上步的要求。

用途:主要用于配合各种后退防守和在后退中变换左、右架势。

② 后滑步

要领:右脚前掌向后擦地退滑一步,左脚前掌蹬地向后紧跟退滑一步。滑步时保持右格斗势,唯有方向、顺序相反。

要求:同前滑步的要求。

用途:主要用于配合各种后退闪躲防守。

③ 后垫步

要领:左脚由前向后擦地退步到右脚前的位置,右脚随即向后擦地滑退一步。垫步时保持右格斗势,唯方向、顺序相反。

要求:同前垫步的要求。

用途:主要用于配合各种后退防守和腿法进攻后的后退调整。

(三)侧移步法

① 跳换步

要领:以腰为轴,向左(右)拧转,带动两腿同时原地跳换,呈左(右)格斗势。

要求:以腰带腿,步换手变,跳换迅速协调。

用途:主要用于原地变换格斗姿势和配合向侧闪躲防守。

② 侧滑步

(1)左侧滑步。

视频 11　左侧滑步

要领:左脚前掌向左擦地横滑一步,右脚前掌蹬地向左紧跟横滑一步(图 3-15)。滑步时保持右格斗势。

(2)右侧滑步。

要领:同左侧滑步,只有动作与方向相反。

要求:同前滑步的要求。

用途:主要用于配合上肢各种打法和向侧闪躲防守。

图 3-15　左侧滑步

3 侧闪步

视频12 侧闪步

(1)左侧闪步。

要领：以腰为轴，向右拧转，带动左脚前掌擦地向左斜前方闪进一小步，右脚前掌蹬地向左斜后方闪退一大步，上体同时向左侧闪身，斜对右前方(图3-16)。左侧闪步时保持右格斗势。

(2)右侧闪步。

要领：以腰为轴，向左拧转，带动右脚前掌擦地向右斜前方闪进一大步，左脚前掌蹬地向右斜后方闪退

图3-16 侧闪步

一大步，上体同时向右侧闪身，斜对左前方，呈左格斗势。

要求：侧闪步快速急促，拧腰发力，上下协调，重心平稳。

用途：主要用于以斜避直，以急促侧闪身避开敌直线进攻。

第二节 基本打法

基本打法，是以上肢之拳、掌、肘等部位击敌的基本技术动作和攻防方法，包括基本的拳法、掌法、肘法以及相应的防守方法和组合技术动作。其特点是远拳近肘，就便加掌，攻势凌厉，攻防兼备，变化多端。

一、拳法（以右格斗势为例）

1 左直拳

要领：右腿原地蹬地，左脚前滑一小步，身体重心前移至左脚；同时，左臂内旋前伸，左肩前送，上体略向右侧转，左拳由松握状态随臂内旋前伸至拳心向下时，以拳面为力点向前直线击出，在击到敌的一瞬间拳紧实攥握；右拳不动，身体保持微收腹、含胸、收下颌姿势，使下颌处于右拳和左肩保护之中，两眼向前平视(图3-17)；出拳后迅速放松，左拳左脚由原路线收回，还原成右格斗势。

要求：出拳前，身体与手臂应保持自然放松，左拳不得下拉后引，以免影响出拳的速度；

出拳时，上、下肢动作要协调一致，使击打力量迅速由下肢、腰传送到肩，再沿臂、肘、腕和拳面，直线作用于敌；距敌较远时，左肘关节应完全伸直，左肩尽量前送，以延长出拳距离，但上体不得过分前倾；击敌腹部时，左脚前滑一大步，同时膝关节弯曲，使身体重心降低前移，增大出拳的速度和力量。

用途：主要用于击打敌面部、胸部、腹部等部位。常作为试探性拳法或重击前的刺拳使用。既可单拳突击，也可连续攻击；或与其他拳法、腿法、摔法组合使用。

2 右直拳

要领：在右臂内旋前伸，右拳向前击出的同时，右腿略屈膝蹬地，左脚前滑一小步，向左转胯、拧腰，使右肩正对出拳方向。其余要领同左直拳的要领（图3-18）。

图 3-17　左直拳

图 3-18　右直拳

视频 13　左直拳

视频 14　右直拳

要求：蹬地、滑步和转胯、拧腰以及出拳动作要快速连贯，迅猛有力，使右直拳击出重拳效果。其余要求同左直拳要求。

用途：主要用于击打敌面部、胸部等部位。常作为重创敌的重拳使用，既可直接以单拳重击，也可与其他拳法、腿法组合使用。

（二）摆拳

1 左摆拳

要领：左脚脚后跟外旋，左腿、左髋向右转的同时，向右转腰转肩，带动左臂弯至大小臂夹角约90°，并内旋随转体向右侧弧线平行摆动，左拳呈松握状态，随臂内旋弧线摆动至拳心向下,以食指、中指的第一指节为力点,向右侧方击出;右拳不动,身体保持微收腹、含胸、收下颌和向右侧转姿势(图 3-19);出拳后迅速放松,左拳取捷径屈肘收回,还原成右格斗势。

要求:出拳前,左臂不得有下拉、后引等预摆动作。出拳时,不得翻肘和耸肩。蹬地、转体要围绕身体纵轴蹬转,充分利用蹬转的爆发力,加大摆击力度和速度。

用途:主要用于击打敌头部右侧、腰部右侧等部位。常作为中、近距离拳法与右摆拳或勾拳组合使用。

2 右摆拳

要领:出拳路线、用力方法等与左摆拳略同。只有方向相反,腰、胯转动力量更为明显,转动路线更长(图 3-20)。

要求:同左摆拳要求。

用途:主要用于击打敌头部左侧、腰部左侧等部位。常作为中、近距离重拳,与左摆拳或勾拳组合使用。

图 3-19　左摆拳

图 3-20　右摆拳

视频 15　左摆拳

视频 16　右摆拳

(三) 勾拳

1 左勾拳

要领:身体微向左转,左膝微屈,左臂由此而降低高度,大小臂夹角约 90°,左拳拳心向里;左脚脚后跟外旋,以左腿挺膝蹬转、向上顶髋和向右转体的力量带动左拳由下向上或向右上方勾击,力达拳面;右拳不动,保护下颌(图 3-21)。出拳后迅速放松收回,还原成右格斗势。

要求:出拳前,左拳不得下拉、后引。出拳时,不要挺腰、挺胸,上肢、下肢和躯干动作要协调一致。勾拳击打高度不要超过敌下颌。

用途:主要用于击打敌腹部等。常作为近距离拳法,与右勾拳及其他拳法组合使用。

2 右勾拳

要领:同左勾拳要领。只有方向相反(图 3-22)。

要求:同左勾拳要求。

用途:同左勾拳用途。

图 3-21　左勾拳

视频 17　左勾拳

图 3-22　右勾拳

视频 18　右勾拳

(四)拳法组合(示例)

1 相同拳法组合

(1)左直拳—左直拳。

用途:第一拳虚晃,第二拳击敌面部,或第一拳虚晃击敌面部,第二拳击敌腹部。

(2)左(右)直拳—右(左)直拳。

用途:左直拳突击敌面部,右直拳紧跟重击敌面部或胸部;或右直拳突然重击敌面部,以左直拳跟进补击一拳,也可右脚前上一步,左直拳为后手拳跟进重击敌面部。

(3)左直拳—左直拳—右直拳。

用途:第一拳以刺拳佯击敌面部,迫敌防守,随即收回左拳,再以前滑步左直拳打乱敌防守,紧跟右直拳重击敌面部或胸部。

注:刺拳是左直拳的一种实战变化形式,主要靠左臂前伸完成出拳动作,具有短促、疾速、虚实难辨、可连续出击和穿刺力强等特点。

(4)左(右)直拳—右(左)直拳—左(右)直拳。

用途:在左—右直拳组合击打基础上,如敌向两侧闪躲或被击后退,即以左直拳跟进补击一拳;或在右—左直拳组合击打基础上,再以右直拳重击敌面部或胸部。

(5)左(右)摆拳—右(左)摆拳。

用途:连续摆击敌头右(左)、左(右)两侧。

(6)左(右)勾拳—右(左)勾拳。

用途:连续勾击敌腹部或下颌。

2　不同拳法组合

(1)左(右)摆拳—右(左)勾拳。

用途:左(右)摆拳击敌头右(左)侧,敌以右(左)手防守,航空安全员速以右(左)勾拳击敌腹部或下颌。

(2)左(右)勾拳—右(左)摆拳。

用途:左(右)勾拳击敌腹部,敌以右(左)手防守,航空安全员速以右(左)摆拳击敌头左(右)侧太阳穴。

(3)左直拳—左(右)摆拳。

用途:左直拳击敌面,敌以右手防守时,随即收回变左摆拳击敌头右侧太阳穴;或以右摆拳重击敌头左侧太阳穴。

(4)左摆拳—右直拳。

用途:左摆拳击敌头右侧,敌以右手防守或闪躲时,遂以右直拳击敌面。

(5)左(右)直拳—右(左)勾拳。

用途:左(右)直拳击敌面,敌下潜闪躲,航空安全员速上步以右(左)勾拳击敌下颌。

(6)左(右)直拳—右(左)摆拳—左(右)勾拳。

用途:左(右)直拳击敌面,紧接右(左)摆拳击敌头左(右)侧,敌以挂挡防守时,航空安全员速以左(右)勾拳击敌腹部。

二、掌法(以右格斗势为例)

1　左插掌

要领:左臂由屈到直,左手由拳变掌,以直掌向前或向斜前下方插击(图3-23)。

图 3-23　左插掌

视频 19　左插掌

要求：转腰、催肩、抖臂、直腕,力达指端,插击快速准确,掌指各关节保持一定的紧张度。

用途：主要用于攻击敌眼部、咽喉、软肋部、腋下等。

❷ 右插掌

要领：同左插掌要领。
要求：同左插掌要求。
用途：同左插掌用途。

视频 20　右插掌

（二）推掌

❶ 左推掌

要领：左臂由屈到直,左手由拳变掌,以立掌向前推击。
要求：转腰、催肩、抖臂、立腕,力达掌根,推击猛烈。
用途：主要用于攻击敌面部、胸部、腹部等部位,还可起封眼和扰乱敌视线的作用。

❷ 右推掌

要领：同左推掌要领。（图 3-24）
要求：同左推掌要求。
用途：同左推掌用途。

（三）砍掌

❶ 左砍掌

要领：左臂弯曲上举,左手由拳变掌,以横掌由左上方向右斜前下方斜向砍击（图 3-25）。
要求：拧腰、转体、屈臂、挥砍,力达掌外缘,砍击短促、准确、有力。
用途：主要用于攻击敌颈椎、颈总动脉、肋部等部位。

图 3-24　右推掌

图 3-25　左砍掌

视频 21　左砍掌

2　右砍掌

要领：同左砍掌要领。
要求：同左砍掌要求。
用途：同左砍掌用途。

（四）撩掌

1　左撩掌

要领：左臂下伸，左手由拳变掌，以掌心向前或向后撩击（图 3-26）。
要求：动作隐蔽突然，力达掌心。
用途：主要用于攻击敌腹部和裆部。

视频 22　左撩掌

2　右撩掌

要领：同左撩掌要领。
要求：同左撩掌要求。

图 3-26　左撩掌

用途:同左撩掌用途。

(五)掌法组合(示例)

1 右推掌—左插掌—右砍掌

用途:右推掌击敌胸,左插掌击敌咽喉,敌闪躲时,航空安全员速以右砍掌击敌颈部左侧。

2 左右推掌—左右砍掌

用途:左—右推掌连击敌胸,继而以左—右砍掌连击敌颈部两侧。

3 左前撩掌—右砍掌—左推掌

用途:左前撩掌击敌裆部,右砍掌击敌颈部左侧,敌防守时,航空安全员速以左推掌击其胸部。

4 右后撩掌—左后转身左砍掌—右推掌

用途:当敌由后勒航空安全员颈或抱其腰时,航空安全员以右后撩掌击敌裆部,速左后转身以左砍掌击敌颈部,再以右推掌击敌胸部。

三、肘法(以右格斗势为例)

(一)横肘

1 前横肘

(1)左前横肘。

要领:左肘抬起,大、小臂内旋平屈夹紧,拳心向下,上体右转,以左肘关节前部为力点向左前方横击,右拳变掌扶于左拳面,目视前方(图3-27)。击肘后,迅速放松,还原成右格斗势。

要求:拧腰转体,以腰带肘,发力迅猛突然,动作短促利落。

用途:主要用于近距离横击敌头部、颈部、胸部、肋部等部位。

视频23 左前横肘

(2)右前横肘。

要领:上体左转,以右肘关节前部为力点向右前方横击,左拳变掌扶于右拳面。其余要领同左前横肘。

要求:同左前横肘要求。

用途:同左前横肘用途。

2 后横肘

(1)左后横肘。

要领:左肘抬起,大、小臂内旋平屈夹紧,拳心向下,上体左后转,以左肘关节后部为力点,向左后方横击,右拳变掌扶于左拳面,左后转头目视左后方(图3-28)。击肘后,迅速放松,还原成右格斗势。

图 3-27 左前横肘

图 3-28 左后横肘

要求:同左前横肘要求。

用途:主要用于敌由后以勒颈或抱腰等方式对航空安全员突然袭击时,航空安全员以后横肘击敌头部、颈部等部位。

(2)右后横肘。

要领:上体右后转,以右肘关节后部为力点,向右后方横击,左拳变掌扶于右拳面,右后转头目视右后方。其余要领同左后横肘。

要求:同左后横肘要求。

用途:同左后横肘用途。

视频 24 左前横肘

（二）顶肘

1 前顶肘

（1）左前顶肘。

要领：上体稍右转，左肘抬起，大、小臂内旋平屈夹紧，拳心向下，肘尖向前，右拳变掌，以掌心顶住左拳面；左脚上前一步呈左弓步，右脚蹬地跟进，同时两臂合力，以左肘尖为力点向前顶击，目视前方（图3-29）。顶击后，迅速放松，还原成右格斗势。

要求：脚到肘到，上下协调，蓄腰发力，前顶迅猛锐利，动作短促突击。

用途：主要用于侧身闪进后，以肘尖顶击敌腹部、肋部等部位。

（2）右前顶肘。

要领：上体左转，右脚上前一步成右弓步，左拳变掌，掌心顶住右拳面，以右肘尖为力点向前顶击。其余要领同左前顶肘。

要求：同左前顶肘要求。

用途：同左前顶肘用途。

视频25　左前顶肘

2 后顶肘

（1）左后顶肘。

要领：左肘微前抬，大、小臂夹紧，上体左后转，同时以左肘尖为力点，向身后右斜下方顶击，右拳不动，左后转头目视右斜下方（图3-30）。顶击后，迅速放松，还原成右格斗势。

要求：拧腰转体，以腰带肘，抖放发力，顶击迅猛锐利，动作短促突击。

用途：主要用于敌由后以勒颈或抱腰等方式对航空安全员突然袭击时，航空安全员以后顶肘击敌肋部、腹部等部位。

视频26　左后顶肘

（2）右后顶肘。

要领：上体右后转，同时以右肘尖为力点，向身后左斜下方顶击，右后转头目视左斜下方。其余要领同左后顶肘。

要求：同左后顶肘要求。

用途：同左后顶肘用途。

图 3-29　左前顶肘　　　　　　　　图 3-30　左后顶肘

（三）挑肘

1　左挑肘

要领：左脚脚后跟外旋，左腿挺膝、顶髋、蹬转，同时上体右转，左臂屈肘夹紧，拳心向右，以肘尖为力点向右斜前上方挑击，右拳不动，保护下颌，目视前方（图 3-31）。挑击后，迅速放松收回，还原成右格斗势。

要求：蹬转和挑击动作要短促利落，协调一致，同时完成。

用途：主要用于近距离挑击敌胸部或下颌。

图 3-31　左挑肘

视频 27　左挑肘

2　右挑肘

要领：右腿蹬转，上体左转，以右肘尖为力点向左斜前上方挑击。其余要领同左挑肘。

要求：同左挑肘要求。

用途：同左挑肘用途。

(四) 沉肘

1. 左沉肘

要领：左臂屈肘上举，肘尖向下，拳眼向右，左脚上前一小步，身体重心快速下沉呈半马步，同时以左肘尖为力点向下砸击，右拳不动，眼睛沿左拳向前平视（图3-32）。沉肘后，迅速起立，还原成右格斗势。

要求：借助身体重心下沉之力，猛力下砸，用力合一。

用途：主要用于敌低身抱航空安全员腰或腿时，航空安全员以沉肘砸击敌颈椎、腰椎及肩背等部位。

图 3-32　左沉肘

视频 28　左沉肘

2. 右沉肘

要领：以右肘尖为力点向前下方砸击。其余要领同左沉肘。

要求：同左沉肘要求。

用途：同左沉肘用途。

(五) 肘法组合（示例）

1. 左前横肘—右前横肘—右前顶肘

用途：主要用于近身时以左—右前横肘连击敌右、左两侧颈部，敌闪躲防守时，航空安全员速以右前顶肘击敌胸部或腹部。

2. 左挑肘—右前横肘—左沉肘

用途：主要用于左挑肘击敌下颌，敌格挡防守时，又以右前横肘击敌左侧腰肋部，迫敌弓身闪躲，再以左沉肘由上向下砸击敌右肩背。

3. 左后横肘—右后横肘—左后顶肘

用途：主要用于敌由后抱航空安全员腰时，航空安全员以左—右后横肘连击敌右、左两侧头部，迫敌缩身防守，再以左后顶肘击敌左侧腰肋。

4　左后顶肘—右后顶肘—右转身上步右前顶肘

用途：主要用于敌由后勒航空安全员颈部时，航空安全员以左—右后顶肘连击敌右、左两侧腰肋，迫敌松手后闪，航空安全员速右转身，上右步，以右前顶肘击敌胸部。

四、防守法（以拳法防守和右格斗势为例）

（一）闪躲防守

1　后闪

要领：右脚后撤一小步，脚前掌撑地，重心移至右腿，两拳不动。同时，上体以腰右侧为轴快速侧身后仰，收下颌，目平视前方（图 3-33）。后闪后，迅速还原成右格斗势；也可在后闪的同时，辅以各种后退步法（如退步、后滑步、后垫步等）。

图 3-33　后闪

要求：判断准确，反应敏捷，后闪急速短促，后闪距离恰当，以利反击。仰身幅度不宜过大，保持身体重心平衡和稳定，头部、颈部和肩背也应保持一定紧张度。

用途：主要用于向后闪躲敌拳对上体和头部的正面直线进攻和侧面弧线进攻。

2　侧闪

（1）左侧闪。

要领：两脚不动，上体与头部同时向左前侧倾闪躲，同时重心下降移至左脚，收腹含胸，右拳不动,左拳位于下颌右侧,目视右前方。侧闪后,迅速还原成右格斗势。

要求:判断准确,反应敏捷,拳到头闪,闪躲幅度要小,使敌直拳从航空安全员肩上滑过,同时注意贴身靠敌,便于反击。

用途:主要用于向左侧闪躲敌拳对头部的正面直线进攻。

(2)右侧闪。

要领:上体与头部同时向右前侧倾闪躲,重心下降移至右脚,右拳位于下颌左侧。(图3-34)其余要领同左侧闪。

图 3-34 右侧闪

要求:同左侧闪要求。

用途:同左侧闪用途。

3 下潜

要领:左脚上前一小步,重心下降并前移,两腿屈膝半蹲。同时上体和头部稍前俯,低头,向下潜伏闪躲,两拳上移护头,眼睛平视前方(图3-35)。下潜后,迅速还原成右格斗势。

要求:判断准确,反应敏捷,潜闪急速短促,但不要过低。上步下蹲与前俯低头潜伏要协调一致,同时完成。

用途:主要用于向下闪躲敌拳对头部的正面直线进攻或侧面弧线进攻。

4 摇避

(1)左摇避。

要领:在下潜闪躲的基础上,以腰腹的力量带动上体和头部向左侧(敌左摆拳进攻路线的延长线方向),转前下(敌左摆拳下方),再向右上(敌左摆拳后方)弧线摇绕闪避(图3-36)。摇避后,迅速还原成右格斗势。

图 3-35　下潜　　　　　　　　　　　　　　图 3-36　左摇避

要求：判断准确，反应敏捷，摇避灵活快速，同时保持平衡，身体重心随摇避过程灵活移动。

用途：主要用于闪躲避开敌拳对头部两侧的弧线进攻。

(2)右摇避。

要领：同左摇避要领，只有摇避方向相反。

要求：同左摇避要求。

用途：同左摇避用途。

（二）手臂防守

1 拍击

(1)右手拍击。

要领：在后闪或右侧闪的同时，右拳变掌，五指拢屈，以掌心为力点向左侧前方拍击敌拳或腕侧位，左拳回防护胸，目视左侧前方(图 3-37)。拍击后，还原成右格斗势。

要求：判断准确，反应敏捷，拍击急速、短促、有力，并有弹性，幅度不宜过大，以将敌拳拍击偏离其击打路线为限，不要出现推、压、拨等错误动作。

用途：主要用于防守敌拳向面部、胸部的正面直线进攻。

(2)左手拍击。

要领：同右手拍击要领，只是以左手向右侧前方拍击。

要求：同右手拍击要求。

用途：同右手拍击用途。

图 3-37　左手拍击

2 格挡

(1) 左臂格挡。

要领：在左侧闪或后闪的同时，屈左臂立肘，肘尖向下，拳心向内，以小臂外侧为力点向右侧前格挡敌拳或腕侧位，身体稍右转，右拳不动（图 3-38）。格挡后，迅速还原成右格斗势。

图 3-38　左臂格挡

要求：格挡短促有力，以将敌拳格挡偏离其击打路线为限，不要硬碰硬格挡，应在触及敌拳或腕时，小臂稍外旋，以顺势化解敌拳冲力，减缓小臂格挡抗力。

用途：主要用于防守敌拳对面部、胸部正面的重击。

（2）右臂格挡。

要领：同左臂格挡要领，只是以右小臂向左侧前格挡。

要求：同左臂格挡要求。

用途：同左臂格挡用途。

3 挂挡

（1）左臂挂挡。

要领：在右侧闪或下闪的同时，屈左臂立肘，以小臂外侧为力点，由前向左侧后回收挂挡敌拳，肘尖向前上稍抬，拳心贴于头部左侧，身体向心收缩，收腹，含胸，收下颌，右拳不动，目视前方（图 3-39）。挂挡后，迅速还原成右格斗势。

图 3-39　左臂挂挡

要求：挂挡短促有力，以将敌拳挂挡于航空安全员头部以外为限。挂挡时，大臂、小臂及肩、胸收缩夹紧，手腕和拳背坚挺，以形成保护头部的坚固防护面。

用途：主要用于防守敌拳对航空安全员头部的正面直线或侧面弧线进攻。

（2）右臂挂挡。

要领：同左臂挂挡要领，只是以右小臂由前向右侧后挂挡。

要求：同左臂挂挡要求。

用途：同左臂挂挡用途。

4 下砸

(1)左拳下砸。

要领:在后闪或侧闪的同时,以左拳拳轮为力点,向下或向左侧下砸击敌拳,右拳不动(图 3-40)。砸击后,迅速还原成右格斗势。

图 3-40　左拳下砸

要求:下砸短促有力,使敌拳被砸落空。下砸位置不可离航空安全员身体过远或过近,以小臂一臂距离为适宜。

用途:主要用于防守敌拳向胸部、腹部的正面直线或侧斜面由下而上弧线进攻。

(2)右拳下砸。

要领:同左拳下砸要领,只是以右拳拳轮向下或向右侧下砸击。

要求:同左拳下砸要求。

用途:同左拳下砸用途。

(三)防守组合(示例)

1 右拍击—左拍击—右下砸

用途:敌以左—右直拳—左勾拳连击航空安全员时,航空安全员以右手拍击防守敌左直拳,以左手拍击防守敌右直拳,再以右拳下砸防敌左勾拳。

2 左侧闪—左挂挡—右下砸

用途:敌以左直拳—右摆拳—左勾拳连击航空安全员时,航空安全员以左侧闪防敌左直拳,以左臂挂挡防敌右摆拳,再以右拳下砸防敌左勾拳。

3　后闪—右拍击—上步下潜

用途：敌以直拳组合连击航空安全员时，航空安全员以后闪防敌第一拳，以右手拍击防敌第二拳，在已无退路的情况下，突然上步下潜防敌第三拳。下潜后，可贴身搂抱敌腿或腰。

4　左挂挡—右挂挡—右摇避

用途：敌以摆拳组合连击航空安全员时，航空安全员以左挂挡防敌右摆拳，以右挂挡防敌左摆拳，再以右摇避防敌左摆拳。摇避后，可顺势搂抱敌腰。

注：以腿脚防守拳法的技术，可参见下一节中的有关防守技术。

第三节　基本踢法

基本踢法，是以腿、膝等部位击敌的基本技术动作和攻防方法，包括基本的腿法、膝法以及相应的防守方法和组合技术动作。其特点是：放长击远，势大力猛，手掩腿发，攻击效果显著。

一、腿法（以右格斗势为例）

（一）截腿

1　左截腿

要领：原地站立或右脚前垫一步，上体略向右侧后倾倒，重心落于右脚，左腿屈膝上提，勾脚尖内收，以脚掌外缘中后段为力点，向前下方截击，双拳不动，目视前方（图3-41）。截击后，迅速收腿或后垫步撤回，还原成右格斗势。

要求：提膝轻灵，截腿迅猛，髋关节展开，尽可能将截腿放长击远。两眼不得有意注视截击部位，以免暴露攻击意图。

用途：主要用于重创敌膝关节或小腿，使敌腿丧失功能或被截倒地。也可作为防守性腿法，阻截敌前腿上步出拳或起腿进攻。

2　右截腿

要领：左脚不动，右腿略外旋屈膝前上提，勾脚尖外摆，以脚掌中后部为力点，向前下方截击，双拳不动，目视前方（图3-42）。截击后，迅速收右腿，还原成右格斗势。

要求：同左截腿要求。

用途：同左截腿用途。

图 3-41　左截腿　　　　　　　　　图 3-42　右截腿

（二）蹬腿

1. 左蹬腿

要领：原地站立或右脚前垫一步，重心落于右脚；左腿屈膝上提勾脚尖，脚尖向上，脚掌正对前方，以脚后跟为力点向正前方直线蹬击，微收腹直腰，重心上提前压，两拳不动，目视前方（图 3-43）。蹬击后，迅速收腿，后垫步撤回，还原成右格斗势。

要求：提膝动作高、快、轻、灵，蹬击迅猛有力，勾脚尖要紧，力点要准。上体不得后仰或后坐，两手保持格斗势，不得随意挥摆。蹬腿后落地要轻，撤回要快。

用途：主要用于重创敌腹部、胸部等部位，也可作为防守性腿法以阻击敌拳、腿进攻，或在危急情况下用于破门而入。蹬击方向也可随机应变，如向左侧蹬、向右侧蹬、后倒上蹬、前俯后蹬等。

2. 右蹬腿

要领：原地站立或左脚前垫一步，重心落于左脚，右腿屈膝，上提，前蹬。蹬击后，迅速收腿呈左格斗势，后垫步撤回。其余要领同左蹬腿。

要求：同左蹬腿要求。

用途：同左蹬腿用途。

图 3-43　左蹬腿

1. 左踹腿

要领：原地站立或右脚前垫一步，上体向右侧后倾倒，重心落于右脚；左腿屈膝，上提，勾脚尖，大腿横平，脚掌横对前方，以脚掌中后部为力点，向前上方直线踹击，两拳不动，目视前方（图3-44）。踹击后，迅速收腿，后垫步撤回，还原成右格斗势。

图 3-44　左踹腿

要求：提膝动作高、快、轻、灵，侧身前踹迅猛有力，踹击时要展髋挺膝，与上体伸展成一条直线，使踹腿放长击远击高，同时保持支撑腿稳定和侧身平衡。两手保持格斗势。踹腿后落地要轻，撤回要快。

用途：主要用于重创敌胸部、背部、腰部、腹部、肋部等部位，也可作为防守性腿法阻击敌拳、腿进攻。

2. 右踹腿

要领：左脚尖外展，身体左转，重心落于左脚，上体向左侧后倾倒；同时右腿屈膝，上提，勾脚尖，脚掌横对前方，以脚掌中后部为力点，向前上方直线踹击，两拳不动，目视前方（图3-45）。踹击后，迅速收腿呈左格斗势，后垫步撤回。

要求：同左踹腿要求。

用途：同左踹腿用途。

1. 左弹腿

要领：右腿支撑，左腿屈膝上提，小腿叠紧，绷直脚尖，以脚背前端为力点（穿鞋时以脚尖为力点），向前弹踢，两拳不动，目视前方（图3-46）。弹踢后，迅速收腿，还原成右格斗势。

图 3-45　右踹腿

图 3-46　左弹腿

要求：大腿带小腿，猛弹快收，动作连贯，力点准确，重心平稳。
用途：主要用于弹踢重创敌裆部、小腹等部位。

❷ 右弹腿

要领：同左弹腿要领，只是以左腿支撑，右腿弹踢。
要求：同左弹腿要求。
用途：同左弹腿用途。

(五)鞭腿

1. 左鞭腿

要领:右脚不动或前垫一步,身体稍右转,重心落于右脚,上体向右侧后倾倒;左腿屈膝上提,膝盖高顶,小腿向左后下叠紧,脚背绷紧;以脚背中后部为力点,向左前上方弧线鞭状抽踢;右拳不动,左拳配合伸摆,目视前方(图3-47)。鞭踢后,左腿迅速收回,还原成右格斗势,后垫步撤回。

图 3-47 左鞭腿

要求:利用拧腰、转体、切胯和屈膝高顶的力量与速度,以腰带动大腿,大腿带小腿,鞭状弧线抽踢,发力势猛力强,动作协调连贯;鞭踢时,要注意展髋伸膝绷紧脚背,使鞭踢腿与上体伸展,呈一条直线;同时上体在保持平衡稳定的前提下,尽可能向侧后下方向侧身倾倒,头低脚高,以使鞭腿能放长击远、击高。鞭踢后,腿落地要轻,撤回要快。

用途:主要用于从侧方鞭踢重创敌头部、臂部、肋部、胸部、背部等部位。

视频 29 左鞭腿

2. 右鞭腿

要领:左脚尖外展,身体左转,重心落于左脚,上体向左侧后倾倒。右腿屈膝上提,膝盖高顶,小腿向右后下叠紧,脚背绷紧,以脚背中后部为力点,向右前上方呈弧线鞭状抽踢,左拳不动,右拳配合伸摆,目视前方(图3-48)。鞭踢后,右腿迅速收回,落地呈左格斗势,后垫步撤回。

要求:同左鞭腿要求。

用途:同左鞭腿用途。

视频30 右鞭腿

(六) 腿法组合(示例)

1 相同腿法组合

(1)前垫步左截腿—右截腿。

用途:航空安全员右脚前垫步,以左截腿吸引敌注意力,速换右截腿击敌膝关节。

(2)前垫步右蹬腿—左蹬腿。

用途:航空安全员以右蹬腿—左蹬腿组合连击重创敌腹部。

(3)左转身右踹腿—前垫步右踹腿。

用途:航空安全员左转身以右踹腿击敌胸,敌后闪防守,航空安全员右腿落地后,遂以左脚前垫步再起右踹腿重击敌胸。

2 不同腿法组合

(1)左截腿—前垫步左踹腿。

用途:航空安全员以左截腿佯攻,诱敌下防,遂以右脚前垫步再起左踹腿重击敌胸。

(2)左弹腿—右鞭腿。

用途:航空安全员以左弹腿踢敌裆,诱敌下防,速起右鞭腿重击敌左肋。

(3)左踹腿—右鞭腿—前垫步右踹腿。

用途:航空安全员以左踹腿击敌腹部,被敌防住,遂以右鞭腿击敌身左侧,再以左脚前垫步起右腿重踹敌胸。

图 3-48 右鞭腿

二、膝法(以右格斗势为例)

(一) 顶膝

1 正顶膝

(1)右正顶膝。

要领:重心前移,左脚支撑,两拳变掌前伸,抓敌肩部、衣领、头发等或双手搂夹敌颈部向下拉,同时右腿屈膝勾脚尖,以膝关节髌骨为力点,向前上方顶击(图3-49)。顶击后,右腿收回落地呈右格斗势。

要求：顶膝发力迅猛凶狠，动作短促刚烈。双手前抓下拉和膝盖由后向前上顶击要协调配合，同时完成，以形成交错合力，增强顶膝重创的效果。

用途：与敌近身格斗、贴身搂抱扭打或由后突袭制敌时，以正顶膝重创敌面、胸、腹、裆及腰椎等要害部位，是近距离制敌的重要方法，通常具有决胜性的作用。

（2）左正顶膝。

要领：从左格斗势开始，要领同右正顶膝。

要求：同右正顶膝要求。

用途：同右正顶膝用途。

2 侧顶膝

（1）右侧顶膝。

要领：上体左侧闪，重心左前移，左脚支撑，两拳变掌向右前伸，抓敌肩、领、头发等部位或反手勾搂敌颈部向右后下拉，同时右腿屈膝勾脚尖，侧身以膝关节髌骨为力点，向右前上方顶击（图3-50）。顶击后，右腿收回落地呈右格斗势。

图3-49　右正顶膝

图3-50　右侧顶膝

要求：同正顶膝要求。

用途：同正顶膝用途。

（2）左侧顶膝。

要领：从左格斗势开始，要领同右侧顶膝。

要求：同右侧顶膝要求。

用途：同右侧顶膝用途。

（二）跪膝

1 右跪膝

要领：左脚前上一步，屈膝蹲立；上体左转，右腿屈膝，以膝关节髌骨为力点，向下跪击；两拳不动，目视跪击点（图3-51）。跪击后，原地起立呈左格斗势。

要求：转体屈膝跪击要快，借助身体下沉力量，一跪到底，力透地面。蹲立腿要稳，保持身体平衡。

用途：在航空安全员将敌击倒在地时，以跪膝重击或压迫敌头、颈、肋、裆、肩、臂等部位，为实施倒地拿法创造条件。

2 左跪膝

要领：从左格斗势开始，要领同右跪膝。
要求：同右跪膝要求。
用途：同右跪膝用途。

图 3-51　右跪膝

（三）膝法组合（示例）

1 单腿连续正（侧）顶膝

用途：航空安全员与敌相互搂抱扭打时，用有力腿以连续正（侧）顶膝重击敌裆或腹、胸、面等要害部位；连续顶击过程中，不换腿，不移重心，一鼓作气，连续猛顶，使敌彻底丧失反抗能力。

2 右（左）正顶膝—左（右）侧顶膝

用途：航空安全员以右（左）正顶膝击敌时，敌双手下防或侧身闪躲，航空安全员右（左）腿速落地，双手配合，急起左（右）侧顶膝再击。两膝交替，正、侧连顶重击，使敌无法逃脱。

3 正（侧）顶膝—撤步跪膝

用途：航空安全员以正（侧）顶膝重击，将敌击倒，航空安全员顺势将顶膝腿后撤一步，另一腿以膝跪击敌肋或肩、颈、臂等部位，将敌制服。

三、防守法（以腿法防守和右格斗势为例）

（一）闪躲防守

1 后闪

要领：同拳法防守中的后闪要领。只是上体的后闪幅度和后退步法更大（图 3-52）。
要求：同拳法防守中的后闪要求。
用途：主要用于向后闪躲敌腿对上体和头部的正面直线进攻和侧面弧线进攻。

图 3-52　后闪

2　侧闪

要领：同拳法防守中的左侧闪、右侧闪要领。只是躯干、头部的侧闪幅度和侧闪步法更大（图 3-53）。

图 3-53　侧闪

要求：同拳法防守中的侧闪要求。

用途：主要用于向左、右侧闪躲敌腿对下肢和躯干、头部的正面直线进攻。

3　下潜

要领：同拳法防守中的下潜要领（图 3-54）。

图 3-54 下潜

要求：同拳法防守中的下潜要求。

用途：主要用于向下闪躲敌腿对头部的正面直线进攻或侧面弧线进攻。

注：对敌腿进攻的闪躲防守与对敌拳进攻的闪躲防守，虽然动作相似，要领相同，但在判断方法、距离感觉、反应时机、心理影响及闪躲幅度等方面均有所不同，需在训练时加以注意。

（二）手臂防守

1 下砸

要领：同拳法防守中的下砸要领。只是砸击的力度要更大，砸击敌脚背或脚尖，对敌的左、右高鞭腿，亦可双拳同时砸击（图 3-55）。

图 3-55 下砸

要求：同拳法防守中的下砸要求。

用途：主要用于防守敌腿对裆、腹、胸、肋等部位的正面直线进攻和侧面弧线进攻。

❷ 抄抱

（1）左侧抄抱。

要领：两脚左侧闪步，上体向左侧闪躲的同时，左拳变掌，以小臂内侧为力点，由前下并顺势向右后下贴身挂挡敌小腿于自己身前；随即两手上下合力抄抱敌小腿，屈臂夹于自己右腰侧，上体侧前俯，低头贴靠敌腿（图3-56）。抄抱后，松手还原成右格斗势。

图3-56　左侧抄抱

要求：判断准确，反应敏捷，上下协调，手脚配合。侧闪，挂挡，抄抱要快速连贯，一气呵成。

用途：主要用于防守敌腿对航空安全员躯干的正面直线进攻，并在防守的基础上将敌腿抄抱住，为高抱腿摔法创造条件。

（2）右侧抄抱。

要领：两脚右侧闪步，上体向右侧闪躲的同时，右小臂挂挡，两手合力抄抱敌小腿于自己左腰侧。其余要领同左侧抄抱。

要求：同左侧抄抱要求。

用途：同左侧抄抱用途。

❸ 接扣

要领：上体向后闪躲的同时，两拳变掌，左小臂横平收回，左掌在下，掌心向上，托垫敌脚跟；右掌在上，掌心斜向右，搭扣敌脚掌，两手合力接扣锁牢敌脚（图3-57）。接扣后，松手还原成右格斗势。

要求：后闪及时到位，在敌腿伸展到头、进攻落空时接扣敌脚，以减轻敌脚对自己双手的冲力。接扣时，轻接紧扣，双手协同用力。

用途：主要用于防守敌腿对胸部的正面直线进攻，并在防守基础上，将敌脚接扣锁牢，为高抱腿摔法创造条件。

图 3-57　接扣

 （三）膝腿防守

1　提膝

要领：重心后移，单腿支撑，另一腿屈膝上提勾脚尖，膝盖斜对前方，两拳不动，目视前方（图 3-58）。提膝后落地还原成格斗势。

图 3-58　提膝

要求：提膝要快，控腿要牢，吸腿要高，支撑腿要稳固。
用途：主要用于以屈膝上提闪躲敌低腿进攻或是以横破直，以提膝撞击敌进攻腿。

2　拦截

要领：在敌即将起腿进攻时，航空安全员速以截腿、低蹬腿、低踹腿等腿法拦截阻击并重创敌大、小腿或脚掌、踝关节,使敌腿无法出击或丧失进攻能力(图 3-59)。拦截后,拦截腿收回落地,还原成格斗势。

图 3-59　拦截

要求:判断准确,反应敏捷,掌握好时间差,做到后发先至。拦截出腿要快、准、狠。

用途:主要用于以腿制腿,使敌不敢轻易起腿进攻。也可用于拦截阻击敌上步出拳。

(四)防守组合(示例)

1　左提膝—左腿拦截

用途:敌起低腿击航空安全员,航空安全员左提膝躲过后仍保持提膝态势,当敌欲再次起腿时,航空安全员遂以左腿截、蹬、踹等腿法拦截敌腿。

2　左拳下砸—左侧抄抱

用途:敌以左蹬腿—右蹬腿组合连击航空安全员时,航空安全员先以左拳下砸防敌左蹬腿,继而在左侧闪躲敌右蹬腿的同时,双手抄抱敌右腿。

3　后闪接扣—双拳下砸

用途:敌以左腿踹航空安全员胸,航空安全员在后闪的同时,双手接扣敌腿未果,敌又以右鞭腿击航空安全员头,航空安全员在右侧后闪的同时,上体左转,以双拳向左侧下砸击敌右脚背。

第四节　基本摔法

基本摔法,是破坏敌身体平衡,将敌快摔倒地的基本技术动作和攻防方法,包括低抱腿摔法、高抱腿摔法、抱腰夹颈摔法以及相应的防守方法。其特点是贴身进招,顺势借力,灵活翻转,以快制慢,以巧胜拙。

一、低抱腿摔法(以右格斗势为例)

(一)进身低抱腿

1. 进身低抱腿的时机

要领:在敌以拳、腿进攻,航空安全员向侧闪躲或下潜、摇避闪躲的同时,利用敌拳、腿击空收回,无暇防守的时机,乘虚闪进抱腿;也可主动以直拳佯击敌面,诱敌上防而下肢出现防守空当时,乘机抢进抱腿;或趁敌疲惫乏力、精力分散、重心不稳、反应迟缓时,疾速突进抱腿。

2. 上步进身方法

要领:可直接以前脚上前一大步,插入敌两腿之间;也可以后脚上前一大步,插入敌两腿之间或插到敌前腿外侧后;上步同时,上体前俯,以腰为轴,偏头侧身晃腰闪进,肩、头分别贴靠敌腹、肋部。

3. 低抱腿方法

要领:在上步进身的同时,两手前伸,从敌大腿外或内侧直臂插入,往回屈臂搂抱敌腿;抱单腿时应两手合力搂抱敌前腿的大腿根部;抱双腿时,两手搂抱敌腿膝关节后上部(图3-60、图3-61)。

图3-60　低抱腿方法(一)

图 3-61　低抱腿方法（二）

要求：准确把握、灵活运用低抱腿时机。低抱腿时，上步要快，进身要活，插腿要深，贴靠要紧，冲力要大，重心要稳，双手搂抱箍紧、迅猛有力，使敌难以挣脱。

用途：为快速实施各种低抱腿摔法创造条件。

（二）低抱腿摔

1　顶摔

要领：低抱敌双腿或单腿，以两手后拉上提敌腿，肩、头向前顶撞下压敌腹的合力，将敌向后顶摔倒地（图 3-62）。

图 3-62　顶摔

2　绊摔

要领：低抱敌双腿或单腿，以肩、头向前顶撞下压敌腹，上步插裆之腿后绊敌后腿的合力，将敌向后绊摔倒地（图3-63）。

图 3-63　绊摔

3　靠摔

要领：右脚由后上步插到敌前腿外侧后时，以右脚管住敌脚，右手穿入敌裆向上反手横抱敌后腿，肩、头枕靠敌腹部的合力，将敌向后靠摔倒地（图3-64）。

图 3-64　靠摔

要求：各种摔法均要和上步抱腿前后连贯，一气呵成，不得有脱节、停顿、迟缓等断劲现象；发力时要全身协调，形成爆发合力，做到快、准、狠、猛；将敌摔倒时，自己重心要稳，不得摇晃趔趄，并尽可能抱住敌腿，以有利于转入实施倒地拿法。

用途：主要用于在徒手格斗制敌、突袭制敌等实战中进身低抱敌腿，将敌快摔倒地，并为接连使用倒地拿法，将敌制服控制创造条件。

（三）低抱腿摔防守

1 拳掌阻击

要领：当敌欲进身低抱航空安全员腿时，航空安全员在向后、侧闪躲的同时，以拳掌向前下阻击敌头、颈或肩部，使敌无法进身低抱腿（图3-65）。

图 3-65　拳掌阻击

2 后撑下压

要领：当敌进身低抱航空安全员腿时，航空安全员两腿用力向后分腿绷直后撑，同时双手下抱敌腰，上体顺势下压，将敌压服倒地（图3-66）。

3 沉肘砸击

要领：当敌进身低抱航空安全员腿时，航空安全员在重心下沉或两腿后撑的同时，以沉肘向下砸击敌颈椎或腰椎，将敌砸击倒地（图3-67）。

要求：判断准确，反应敏捷，尽可能抢在敌进身低抱住航空安全员腿之前实施防守，以免被动；各种防守方法要全面掌握，灵活运用。

用途：主要用于防守破解敌对航空安全员突然实施的各种低抱腿摔法。

图 3-66　后撑下压

图 3-67　沉肘砸击

二、高抱腿摔法（以右格斗势为例）

（一）高抱腿

1　高抱腿时机

要领：格斗中诱敌或趁敌起高腿进攻时，直接以抄抱、接扣等防守方法将敌腿高抱住；或在腿法防守中，当采用下砸、拦截等防守方法基本奏效，趁敌腿来不及收回落地时，迅速转接抄抱防守将敌腿高抱住，也可在低抱腿摔或其他摔法未能奏效时，趁机迅速将敌单腿抱起，转入高抱腿摔法。

2 高抱腿方法

要领:以两手抄抱为主,也可用反手抄抱。

要求:高抱腿摔是各类摔法中成功率最高的,因此,要准确把握时机,尽可能多运用各种高抱腿方法;高抱腿要快、高、紧,使敌难以挣脱和维持单腿支撑。

用途:为快速实施高抱腿摔法创造条件。

(二)高抱腿摔

1 绊摔

要领:两手高抱敌大腿,以航空安全员前腿侧绊敌支撑腿,上体侧后转别敌被抱腿的合力,将敌向侧绊摔倒在地(图 3-68);或以航空安全员前腿后绊敌支撑腿,两手向前推送敌被抱腿的合力,将敌向后绊摔倒在地(图 3-69)。

图 3-68 绊摔(一)

图 3-69 绊摔(二)

2 抹摔

要领:左手高抱敌大腿,右手抽出,以反手勾搂敌颈部,向右后下圆弧抹带,同时上体右后转体,长腰,甩脸,左手抱敌腿推送的合力,将敌向航空安全员身后抹摔倒地(图 3-70)。

3 踢摔

要领:两手高抱敌小腿,以截、踹、勾等腿法踢击敌支撑腿踝关节侧后部、小腿正面,膝关节正、侧面,大腿内侧面及裆部等部位,同时两手推送敌被抱腿的合力,将敌向后踢摔倒地。

要求:各种摔法均要和高抱腿前后连贯,一气呵成,不得有脱节、停顿、迟缓等断劲现象;发力时要全身协调,形成爆发合力,做到快、准、狠、猛;将敌摔倒时,自己重心要稳,不得摇晃趔趄,以转入实施倒地拿法。

图 3-70 抹摔

用途：主要用于在徒手格斗制敌中高抱敌腿，将敌快摔倒地；并为连续使用倒地拿法，将敌彻底制服控制创造条件。

（三）高抱腿摔防守

 直拳击打

要领：敌高抱航空安全员腿时，航空安全员以被抱腿同侧手直拳击打敌头或面部，迫敌松手，同时支撑腿跳动保持平衡（图 3-71）。

图 3-71 直拳击打

2 夹颈撑腿

要领：敌高抱航空安全员腿时，航空安全员支撑腿跳近敌，被抱腿强力屈膝，同时以被抱腿同侧手臂搂夹敌颈，另一手协力，被抱腿向侧前下猛力挣撑解脱（图3-72）。

图3-72　夹颈撑腿

3 挑裆支撑

要领：敌高抱航空安全员腿时，航空安全员被抱腿小腿强力外（或内）旋屈插入敌裆，脚尖上勾挑裆，挺膝收髋；同时两手抓敌肩，以挑裆腿、支撑腿和两手抓肩的合力与敌形成僵持态势后再寻解脱（图3-73）。

图3-73　挑裆支撑

要求：反应敏捷，防守及时，抢在敌高抱航空安全员腿摔航空安全员之前防守解脱。各种防守破解动作要果断、快速、干脆、利索。

用途：主要用于防守破解敌对航空安全员实施的各种高抱腿摔法。

三、抱腰夹颈摔法（以右格斗势为例）

（一）进身抱腰夹颈

1 进身抱腰夹颈时机

要领：在敌以拳、腿进攻，航空安全员向侧闪躲或下潜、摇避闪躲的同时，利用敌拳、腿击空收回，无暇防守的时机，乘虚闪进抱腰或夹颈；或在航空安全员以拳、腿组合主动进攻，敌防守出现空档时，乘机抢进抱腰或夹颈；或在双方相互抓拧拉扯时，趁势插进抱腰或夹颈，还可趁敌疲惫乏力、精力分散、重心不稳、反应迟缓时疾速突进抱腰或夹颈。

2 上步进身方法

要领：侧身抱腰或夹颈时，右脚上步同时，上体稍前俯，以腰为轴，偏头侧身塞腰调胯闪进，臀部顶紧敌腹部；正面抱腰、夹颈或反手夹颈时，可直接以前（或后）脚上前一大步，插入敌两腿之间，后（或前）脚跟进并步；也可以前（或后）脚上前一大步，插到敌对应脚外侧后；上步同时，身体前冲，上体压住敌胸部，腹部顶紧敌腹部。

3 抱腰夹颈方法

要领：侧身抱腰时，以右手由后搂抱敌腰，左手抓敌右大臂或肩领（图3-74），侧身夹颈时，以右臂搂夹敌颈，左手在前协力（图3-75），正面抱腰时，双手合力搂抱敌腰并往回勒紧（图3-76）；背面夹颈时，以右手搂夹敌颈，左手在后协力（图3-77）；反手夹颈时，以右臂反手向右外缠绕搂夹敌颈（图3-78）。

图3-74 抱腰夹颈（一）

图3-75 抱腰夹颈（二）

图 3-76　抱腰夹颈（三）　　　图 3-77　抱腰夹颈（四）　　　图 3-78　抱腰夹颈（五）

要求：准确把握抱腰、夹颈时机。进身抱腰夹颈时，上步（背步）要快，贴靠要紧，重心要稳，抱、夹有力，使敌难以挣脱。

用途：为快速实施各种抱腰、夹颈摔法创造条件。

（二）抱腰夹颈摔

1　过背摔

要领：航空安全员侧身抱敌腰或夹敌颈，背转向敌，下蹲、弓腰、团身。以猛崩双腿，臀部向后上撞击，左手抓敌右臂向左前下方拉转，右手向上提腰或向左前下方夹颈拧转，同时上体前倾并向左转体，长腰，甩脸，将敌经过航空安全员背向前摔出倒地（图 3-79）。

图 3-79　过背摔

2 折腰摔

要领：航空安全员正面抱敌腰往回紧勒，身体前倾下压，下颌顶压敌胸，迫敌腰后折的同时，右腿由外侧前向后勾挑敌左小腿，将敌向后仰摔倒地（图3-80）。

图 3-80　折腰摔

3 夹绊摔

要领：航空安全员背面夹敌颈，在两手协力向后夹压拉转敌颈，上体冲压敌上体的同时；右腿右前摆，绕至敌左腿侧，向后绊腿，将敌向后绊摔倒地（图3-81）。也可将夹绊摔变为切绊摔，即用右臂向后下切压敌颈，左手抓敌领左后拉（图3-82）。

图 3-81　夹绊摔（一）

图 3-82　夹绊摔(二)

4　反夹摔

要领：航空安全员正面右臂反手夹敌颈，同时，左脚上步落在敌右脚外侧，迅速向右拧身，以右脚拦踢敌左踝关节的外侧；左手配合推转敌右肩，将敌向右翻转摔倒在地(图 3-83)。

图 3-83　反夹摔

要求：各种摔法均要和抱腰、夹颈前后连贯，一气呵成，不得有脱节、停顿、迟缓等断劲现象。发力时要全身协调，上下配合，尤其要注重腰、胯、臀等部位力量的运用，形成爆发合力，做到快、准、狠、猛；将敌摔倒时，自己重心要稳，不得摇晃趔趄。

用途：主要用在各种近身实战中将敌快摔倒地，并为使用倒地拿法，将敌彻底制服控制创造条件。

（三）抱腰夹颈摔防守

1　抽身闪躲

要领：敌进身（正、侧）抱航空安全员腰时，航空安全员以腰为轴，向后坐臀或向左、右两侧抽身闪躲或抽出被绊之腿；同时辅以相应的各种闪躲步法，并以掌推挡敌抱腰之手或以拳、肘击敌，令敌无法靠近，始终与敌保持相对峙的实战态势和距离。

2　低头绕闪

要领：当敌进身（正、侧）夹航空安全员颈时，航空安全员在低头收下颌的同时，顺敌手臂夹颈方向绕闪脱出，使敌夹颈落空；若无法绕闪脱出，可用头侧顶撞挤靠敌胸，使敌无法夹紧航空安全员颈，同时一手在后上推压敌肩，一手在前下别拉敌小臂，趁机将头、颈脱出（图 3-84）。

图 3-84　低头绕闪

3　扳头拧转

要领：当敌进身（正、侧）抱航空安全员腰或夹航空安全员颈时，航空安全员运用状态反射原理，以双手合力向左（右）侧后扳拧敌头；或以单手用采发、挫鼻、扣颌等擒拿方法，迫敌后转（仰）头，使敌抱腰、夹颈手臂自然松开，航空安全员还可顺势将敌摔倒（图 3-85）。

要求：反应敏捷，防守及时，处置灵活、果断，尽可能抢在敌抱、夹航空安全员腰、颈前防守解脱，以免被动。

用途：主要用于防守破解敌突然实施的各种抱腰夹颈摔法。

图 3-85 扳头拧转

第五节 基本拿法

基本拿法,是以抓、切、点、挫、搬、拧、锁、扣等手法,通过制敌关节、要害部位及相关穴位,将敌制服控制的基本技术动作和攻击方法,包括在实战中制敌关节、要害部位及相关穴位的常用拿法和将敌踢、打、摔倒地后制服控制的倒地拿法。其特点是点穴拿脉,分筋错骨,反折关节,击打要害,攻其一点,控制全身。

一、常用拿法

(一) 头部拿法

1 头发

要领:以单手五指叉开贴敌头皮插入头发中(从前、后、侧插入均可),遂屈五指回勾抓头发根部攥紧,同时手腕撑紧,屈肘关节,小臂贴靠敌头部(图 3-86、图 3-87),使敌头皮产生剧烈撕痛感而牵制全身,这是实战中应用频率非常高的基本拿法,俗称"采发"。

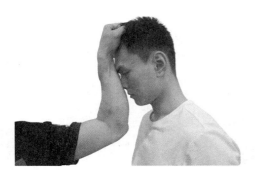
图 3-86 采发（一）

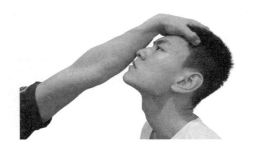
图 3-87 采发（二）

② 眼

要领：

（1）以单手掌心为力点向前扑击敌眼，使敌眼产生剧烈疼痛、流泪和暂时性失明或眩晕，而在短时间内丧失行为能力；

（2）危急时，也可直接以拳面击眼，封眼效果更佳，但易产生明显外伤痕迹和过度伤害后果；

（3）还可以五指指端并齐戳击敌眼，或以食指、中指指端分别同时戳击敌两眼，俗称"夺目"（图 3-88）。

③ 鼻

要领：

（1）为迫使敌转头，可以掌心为力点，压住敌鼻后向一侧推挫挤压，俗称"挫鼻"；

（2）为迫使敌仰头，可以食指、中指指端向下勾住敌鼻孔上提，俗称"金钩钓鱼"（图 3-89）。

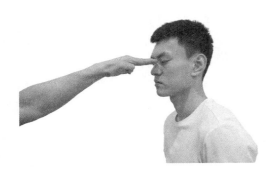
图 3-88 封眼

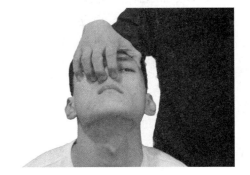
图 3-89 "金钩钓鱼"

④ 耳

要领：以掌心为力点，单掌或双掌同时贯击敌耳或以拳面、拳心贯击敌耳，使贯动的气流猛烈冲击甚至击穿耳内鼓膜，造成脑内剧烈疼痛，丧失听力和平衡失调，使敌在短时间内丧失行为能力，俗称"贯耳"（图 3-90）。

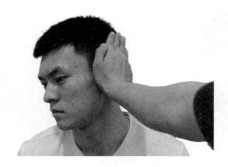

图 3-90　贯耳

5　下颌关节

要领：

（1）以拳由侧面击打下颌关节，或两手从左右两侧交错推击下颌关节（图 3-91），可使敌下颌关节脱臼，产生剧痛，不能发音，并牵制头部和全身的运动；

（2）还可以勾拳或掌根由下向上击打或推击下颌（图 3-92），使敌后仰倒地，同时伤敌舌头，并对上、下牙床及大脑产生强烈震痛而牵制全身。

图 3-91　下颌关节拿法（一）

图 3-92　下颌关节拿法（二）

6　头部穴位

要领：

（1）对头顶的百会穴，可以掌心或拳心、拳轮向下拍砸贯顶；

（2）对两眉之间的印堂穴，可按头向舱壁、地板、扶手等硬物撞击；

（3）对头两侧的太阳穴，可以拳面击打；

（4）对后脑的风池、风府、哑门、天柱等穴位，可以掌根劈砍或以"透骨拳"（握拳时中指第二指节尖突出于拳面）点击。

使用这些拿法，均能对大脑产生强烈震动，造成中度以上脑震荡或昏迷，使敌在短时间内丧失意识和行为能力。严重者，会造成颅骨凹陷或颅内血管破裂而使颅腔内压力增高，形成"脑疝"而致敌死亡，需谨慎使用。

要求：各种头部拿法在制敌应用时，要做到出手快速，部位准确，劲力凶狠，入骨三分；训练时，要弄清原理，掌握要领，明确法律、法规所限定的适用范围、对象和使用时机、程度，以及使用后可能产生的后果,适度体会被拿的感觉。要在教练指导下,严格按规定的步骤、方法、力度进行训练,对有可能造成严重伤害后果的拿法,必须在有防护措施的条件下体会练习,严防发生伤害事故。

用途:在制敌时通过对敌头部施以各种拿法,将敌制服控制,或辅助配合其他实战技术制敌。

(二) 颈部拿法

1 颈椎

要领:

(1)两手合力,以各种头部拿法将敌头向一侧极度拧转,或在夹颈摔的夹颈方法基础上,加大拧转的力度和幅度,使敌颈椎因超越正常活动幅度的极限和过度过量的挤压而产生剧痛,甚至窒息,进而使全身受制,严重会造成颈椎受伤或错位;

(2)在危急时,还可利用有利的时机和态势,以掌根劈砍、横肘、摆拳击打,肘尖、拳轮砸击敌颈椎,在敌倒地时以膝盖跪压、脚掌踩压敌颈椎,使敌彻底丧失行为能力。

2 咽喉

要领:

(1)右手大拇指、食指分开,指端相对(形似端酒杯状,又称"醉指"),以虎口抵住敌下颌,大拇指、食指指端从两侧钳状合力扼住敌喉结后上部凹陷处,另一手协力采敌发后拉,俗称"扼喉"(图3-93);

(2)两手成"八"字掌,合力掐住敌颈,左、右手大拇指交错从两侧对掐住敌喉结后上部凹陷处,使敌因咽喉被掐而窒息昏迷,丧失行为能力,俗称"掐喉"(图3-94);

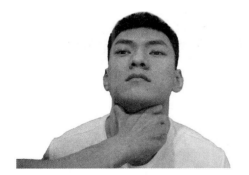
图3-93 扼喉

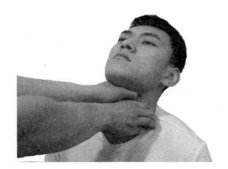
图3-94 掐喉

(3)以右手大拇指一侧及相连小臂一侧为力点,从敌颈右侧后向前再转左侧后环状挫压勒锁敌颈,左手协力封住敌左臂,俗称"锁喉"(图3-95);

(4)在将敌击倒仰卧骑压在地板上或顶撞挤压在支撑物上(舱壁、座椅等)时,以两手虎口为力点直接合力卡压住敌喉结,俗称"卡喉"(图3-96);

(5)危急时,还可抓扯住敌衣领、领带或利用警绳、腰带及其他就便器材套住敌颈,两手合力交错绞压或直接勒紧敌咽喉,俗称"勒喉"(图3-97);

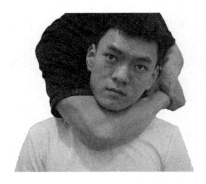

图 3-95　锁喉

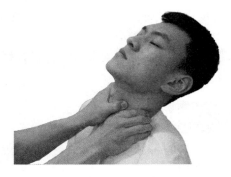

图 3-96　卡喉

（6）对敌颈部左右两侧的颈总动脉（图 3-98），则可以用有力手的掌根为力点猛力砍击，使敌颈总动脉产生痉挛，血液循环受阻，造成大脑因缺血、缺氧而昏迷，同时引发心脏反射性心跳停止，从而休克。

对颈椎和咽喉的各种拿法会使颈总动脉产生类似的连锁反应。

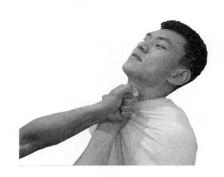

图 3-97　勒喉

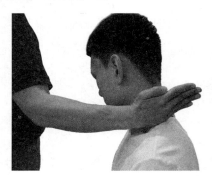

图 3-98　颈总动脉拿法

要求：同头部拿法要求。

用途：在制敌时通过对敌颈部各部位施以各种拿法，将敌制服控制，或辅助配合其他实战技术制敌。

（三）上肢拿法

1　肩关节

要领：

（1）敌倒地时，一手按压或以脚掌踩压敌肩背，另一手抓敌腕将其手臂向后上推至极限，使敌肩产生剧烈撕痛感而受制，俗称"撕翅"（图 3-99）；

（2）将敌手臂屈拧别于背后时，一手抓拧敌腕，一手从敌肘关节下插入，手抓敌肩，以小臂为力点向后上别抬敌臂至极限，使敌肩产生剧烈疼痛感而受制，俗称"别臂"（图 3-100）；

（3）双手抓敌腕沿敌颈部缠绕一周，以敌臂自捆其颈部，右手按压敌腕，左手箍抱敌臂，使敌肩产生剧烈撕痛感而受制，俗称"捆肩"（图 3-101）；

图 3-99　撕翅

图 3-100　别臂

（4）右手从敌左臂内侧上插，右肩向上顶靠敌左臂，两手合力锁扣敌肩向下压至极限，使敌肩产生剧烈疼痛感而受制，俗称"锁肩"（图 3-102）。

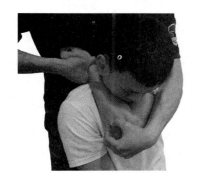

图 3-101　捆肩

图 3-102　锁肩

2　肘关节

要领：

（1）一手抓敌腕下拉，另一手上托敌肘关节，形成上下交错合力，使敌肘关节超过伸展极限，产生折断剧痛感而受制，俗称"托肘"（图 3-103）；

（2）将敌肘关节担于航空安全员肩或胸、肋、大腿上，一手或两手抓敌腕下拉，使敌肘关节超过伸展极限，产生折断剧痛感而受制，俗称"担肘"（图 3-104）；

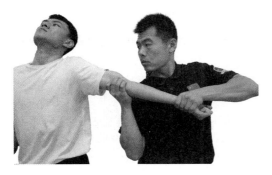

图 3-103　托肘

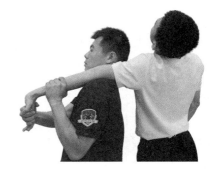

图 3-104　担肘

(3) 双手抓敌腕直接扭拧或利用转体、套头力量扭拧敌小臂,使敌肘关节极度别转,产生扭断剧痛感而受制,俗称"拧肘"(图3-105);

(4) 双手抓敌腕,拉直其手臂,以顶膝向上撞击肘关节,或在敌屈肘关节时,拉敌肘向坚硬物体撞击,使敌肘关节被撞受伤而丧失行为能力,俗称"撞肘"(图3-106)。

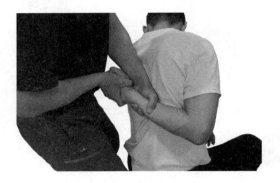

图3-105 拧肘

图3-106 撞肘

3 腕关节与手指

要领：

(1) 一手抓敌腕,同时以身体或地面顶住敌肘关节,另一手以掌心为力点向下扣压敌掌背至极限,使敌腕产生剧烈压痛感而受制,俗称"扣腕"(图3-107);

(2) 一手抓敌腕,另一手抓敌四指指节向后下折撅至极限,使敌腕、指产生剧烈折痛感而受制,俗称"折腕"(图3-108);

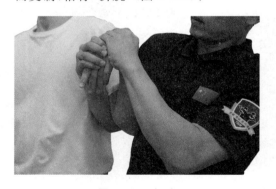

图3-107 扣腕

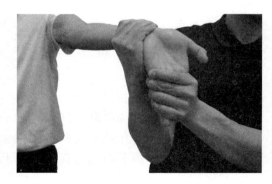

图3-108 折腕

(3) 一手抓敌腕,另一手以掌心包拢敌掌背,向左或右侧卷压至极限,使敌腕产生剧烈撕痛感而受制,俗称"卷腕"(图3-109);

(4) 双手抓拉敌小臂,以膝盖或向坚硬物体上撞击敌腕,使敌腕损伤而丧失功能,俗称"断腕";

(5) 一手抓捏敌一手指,向其掌背或掌心方向撅压至极限,使敌手指产生折断剧痛感而受制,俗称"撅指"(图3-110)。

要求：同头部拿法的要求。

用途：在制敌时通过对敌上肢各关节施以各种拿法,将敌制服控制,或辅助配合其他实战技术制敌。

图 3-109　卷腕

图 3-110　撅指

（四）躯干拿法

1　胸、腹、腰、肋部

要领：这些部位虽然都是人体的要害部位，但由于其生理特点、解剖特点和自我保护的生理机制与本能反应，以及这些部位都有宽阔厚实的胸肌、背肌和腹肌覆盖保护，因此在制敌时无法使用一般的常用拿法，只能以踢、打代拿，以摔、砸代拿，即对敌胸、腹、腰、肋部施以凌厉的踢法、打法；或是在将敌重摔倒地的同时，以航空安全员躯干或肘、膝、臀等部位猛力砸击敌胸、腹、腰、肋部，使敌重要内脏器官被重创，造成严重内伤，丧失行为能力，束手被制。

2　裆部

要领：

（1）单手以掌心或掌背为力点向前或向后撩击敌裆部，或以脚掌前端为力点（也可勾脚尖，以脚后跟为力点），屈膝向后上撩击敌裆部，使敌产生剧烈疼痛感甚至痉挛而受制，俗称"撩裆"；

（2）以脚尖或脚背前端为力点，向前弹踢敌裆部，使敌产生剧烈疼痛感甚至休克而受制，俗称"踢裆"；

（3）以掌或拳由前或由后插入敌裆，抓握攥紧敌睾丸或阴茎后用力掐捏，使敌产生剧烈疼痛感甚至休克而受制，俗称"抓裆"；

（4）敌倒地时，以跪膝方法跪压敌裆，使敌产生剧烈疼痛感甚至休克而受制，俗称"跪裆"。

要求：胸、腹、腰、肋、裆部的拿法训练可结合有关打法、踢法、摔法进行，但应穿戴护具，保证安全，着重体验拿法效果。其余要求同头部拿法。

用途：在制敌时通过对敌躯干各部位施以各种拿法，将敌制服控制，或辅助配合其他实战技术制敌。

（五）下肢拿法

1 膝关节

·要领：

（1）在敌站立或一腿被航空安全员高抱住时，以截腿、低踹腿、低侧鞭腿击敌前腿（或支撑腿）膝关节正面或左、右两侧面，也可由后踢击敌膝关节后腘窝处，使敌因膝关节腔内半月板、十字韧带或左右两侧的侧副韧带严重损伤而摔倒，并产生剧烈疼痛感，丧失站立、行走能力而受制（具体动作要领详见前面有关章节），俗称"踢膝"；

（2）在航空安全员高抱住敌一腿时，以小臂或掌挫压敌被抱腿膝关节正面或侧面，使敌膝关节因极度强直或扭曲而倒地受制，俗称"挫膝"（图 3-111）；

（3）以两手抱敌小腿上扳，臀部向下坐压敌膝关节正面，使敌膝关节因极度强直而倒地受制，俗称"坐膝"（图 3-112）。

图 3-111 挫膝

图 3-112 坐膝

2 踝关节

要领：

（1）双手抓握敌脚腕时，一手托敌脚跟上搬，一手按敌脚掌内侧外拧，使敌踝关节因被猛力搬拧而过度外旋，产生剧烈疼痛感，甚至伤及关节、韧带，丧失行走能力而受制，俗称"拧踝"（图 3-113）；

（2）在敌俯卧倒地时，将敌两小腿交叉重叠后折，以双手按压（或以膝跪压、以脚掌踩压）敌脚背，使敌踝关节因被过度叠压产生剧烈疼痛感甚至伤及关节、韧带，丧失行走能力而受制，俗称"十字叠压"。

要求：膝关节的拿法训练可结合有关踢法、摔法进行，但应着重体验拿法效果。其余要求同头部拿法。

用途：在实战中通过对敌下肢各关节施以各种拿法，将敌制服控制，或辅助配合其他实战技术制敌。

图 3-113　拧踝

二、倒地拿法

（一）骑压拿法

1 俯卧骑压拿法

要领：

(1)敌俯卧倒地时,航空安全员迅速骑压敌腰部,左腿左前伸直,脚后跟蹬地支撑,同时,两手抓敌头发,拉起敌头向地面撞击敌前额,或左手抓头发上拉,右手锁喉(图 3-114);

图 3-114　俯卧骑压拿法(一)

(2)在撞头或锁喉的基础上,依次将敌两臂后拉,置于航空安全员大腿根,两手向下按压,左脚收回,两腿向内夹紧敌肘(图 3-115);

(3)或将敌一臂反别在其背上,另一臂缠绕自锁其颈(图 3-116);

(4)将敌骑压制服并保持控制后,再行捆、铐、束。

图 3-115　俯卧骑压拿法（二）

图 3-116　俯卧骑压拿法（三）

❷ 仰卧骑压拿法

要领：

（1）敌仰卧倒地时，航空安全员迅速骑压敌腹部，两膝跪撑，两腿夹紧敌身体，同时，两手抓发，拉起敌头向地面撞击敌后脑；

（2）或两手卡压敌咽喉；

（3）或一手扼敌喉，一手拳击太阳穴；

（4）或以小臂横向挫压敌咽喉；

（5）或一手抓敌腕后拉反折其小臂，一手按压肘关节（图3-117）；

（6）或两手将敌手臂缠绕抱压自锁其颈（图3-118）；

（7）将敌骑压制服并保持控制后，再行捆、铐、束。

图 3-117　仰卧骑压拿法（一）

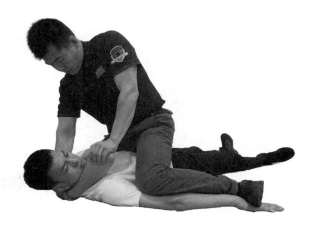

图 3-118　仰卧骑压拿法（二）

3　仰卧转俯卧骑压拿法

要领：

(1)在敌仰卧倒地时,航空安全员可以两手抓敌右手外旋拧转或左手抓敌右手外旋拧转,右手推压其肘关节,迫敌向左翻转成俯卧倒地,航空安全员顺势骑压敌腰部,同时,将敌右臂缠绕自锁其颈,掏抓敌左臂反别在其背上(同图 3-116)；

(2)也可两手抓敌右手内旋拧转或右手抓敌右手内旋拧转,左手推别其肘关节,迫敌向左翻转成俯卧倒地,航空安全员顺势骑压敌腰部,同时,将敌右臂反别在其背上(同图 3-117),掏抓敌左臂反别在其背上；

(3)将敌骑压制服并保持控制后,再行捆、铐、束。

要求：骑压和连接使用的各种拿法要快速连贯,干脆利索,手狠力猛,动作到位,使敌无法反抗；训练时,操练者要注意减缓骑压冲力,并掌握好各种拿法的力度；配手被骑压时要屏息憋气,被拿后有剧烈疼痛感时要主动表示屈服(口喊、手拍垫子或拍操练者身体),以便及时停止动作,避免损伤。由于俯卧骑压拿法在制敌中有独特的安全性、可靠性、稳定性,以及有利于捆、铐、束的方便性等诸多压服控制等优点,因此,在日常训练中和实战条件允许的情况下,都应在各种倒地拿法的基础上和保持将敌压服控制的前提下,尽可能顺势转成俯卧骑压拿法。

用途:在敌倒地时以骑压拿法将敌制服控制。

(二)侧压拿法

1 俯卧侧压拿法

要领:

(1)敌俯卧倒地时,航空安全员迅速插腿侧身砸压在敌身上,同时,右腋夹敌左臂,两手抓敌左手上扳(图 3-119);

图 3-119　俯卧侧压拿法(一)

(2)或两手锁抱敌颈肩右肩前顶敌左臂(图 3-120);

图 3-120　俯卧侧压拿法(二)

(3)或右肘后击敌颈后按压敌左肘,左手上别敌小臂并向下扣压其腕(图 3-121);

(4)将敌侧压制服并保持控制后,再行捆、铐、束,也可推压拧别敌肘关节,航空安全员顺势转成俯卧骑压拿法后,再行捆、铐、束。

2 仰卧侧压拿法

要领：

（1）敌仰卧倒地时，航空安全员迅速插腿侧身砸压在敌身上，同时，右手夹敌颈，左手抓敌右手，将其肘关节担于航空安全员右大腿上下压（图3-122）；

图 3-121　俯卧侧压拿法（三）

图 3-122　仰卧侧压拿法（一）

（2）或左手反手夹敌颈，右手抓敌右手，将其肘关节担于航空安全员左大腿上下压（图3-123）；

图 3-123　仰卧侧压拿法（二）

(3)或右肘后击敌颈,左手抓敌右手,将其肘关节担于航空安全员胸部下扳(图3-124);

图 3-124　仰卧侧压拿法(三)

(4)将敌侧压制服并保持控制后,再行捆、铐、束,也可推压拧别敌肘关节,将敌翻转成俯卧状态,航空安全员顺势转成俯卧骑压拿法后,再行捆、铐、束。

要求:同骑压拿法要求。

用途:在敌倒地时,以侧压拿法或转俯卧骑压拿法将敌制服控制。

(三)俯压拿法

1　俯卧俯压拿法

要领:

(1)敌俯卧倒地时,航空安全员迅速俯身扑压在敌身上,尽量与敌身体垂直,两腿左、右叉开,左腿压住敌左手。同时,航空安全员两手抓敌右手臂,后拉拧别在其背上(图3-125);

图 3-125　俯卧俯压拿法(一)

(2)或一手按压敌右肘,一手折敌右小臂向下扣压其腕(图3-126);

(3)或两手抓按并向内卷压敌右手背(图3-127);

(4)将敌俯压制服并保持控制后,再行捆、铐、束,也可推压拧别敌肘关节,航空安全员顺势转成俯卧骑压拿法后,再行捆、铐、束。

图 3-126　俯卧俯压拿法（二）

图 3-127　俯卧俯压拿法（三）

2　仰卧俯压拿法

要领：

（1）敌仰卧倒地时，航空安全员迅速俯身扑压在敌身上（尽量与敌身体垂直），两腿左、右叉开，左腿压住敌右手，同时，左肘后击敌颈，两手抓敌左手臂向地面猛力撞击敌肘关节或手腕（图 3-128）；

图 3-128　仰卧俯压拿法（一）

(2)或两手抓按并向外卷压敌左手背(图3-129);

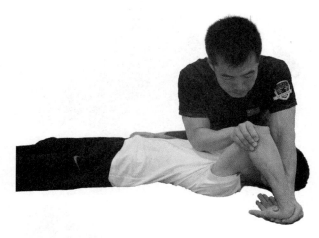

图3-129　仰卧俯压拿法(二)

(3)或右手抓敌左手向后上推,左手从敌肘下方插入,抓住自己的右腕,以左臂后别敌肘关节(图3-130);

图3-130　仰卧俯压拿法(三)

(4)或左手抓敌左手向后下拉,右手从敌肘下方插入,抓住自己的左腕,以右臂反别敌肘关节;

(5)将敌俯压制服并保持控制后,再行捆、铐、束,也可推压拧别敌肘关节,将敌翻转成俯卧状态,航空安全员顺势转成俯卧骑压拿法后,再行捆、铐、束。

要求:同骑压拿法要求。

用途:在敌倒地时,以俯压拿法或转俯卧骑压拿法将敌制服控制。

(四)跪压拿法

1　俯卧跪压拿法

要领:

(1)敌俯卧倒地时,航空安全员迅速以右膝跪压敌左肩或左大臂,两手抓敌左手上扳(图3-131);

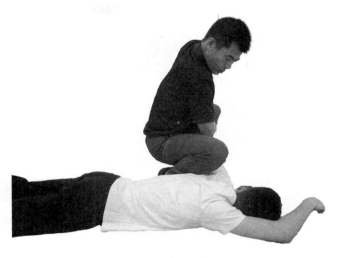

图 3-131 俯卧跪压拿法(一)

(2)或右膝跪压敌左肋,左手抓敌左手上拉压于航空安全员左大腿上,右手向下按压敌左肘关节(图 3-132);

图 3-132 俯卧跪压拿法(二)

(3)或两手将敌两小腿交叉反折叠压,右膝跪压其上(图 3-133);

(4)或右腿盘腿跪夹敌左腿,两手反折按压其小腿与脚背(图 3-134);

(5)或两手抓敌右手上拉,左脚以脚掌横扫敌头后顺势盘腿跪夹敌右大臂,两手抓敌右手上扳(图 3-135);

(6)将敌跪压制服并保持控制后,再行捆、铐、束,也可推压拧别敌肘关节,航空安全员顺势转成俯卧骑压拿法,再行捆、铐、束。

2 仰卧跪压拿法

要领:

(1)敌仰卧倒地时,航空安全员迅速以左膝跪压敌裆,右脚上前一步踩住敌右臂,右手卡压敌咽喉,左拳击敌脸(图 3-136);

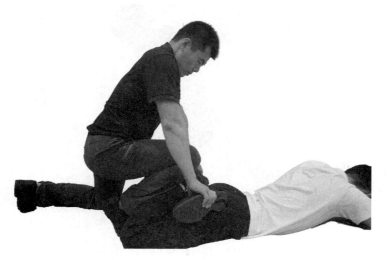

图 3-133　俯卧跪压拿法（三）

图 3-134　俯卧跪压拿法（四）

图 3-135　俯卧跪压拿法（五）

图 3-136　仰卧跪压拿法（一）

（2）或左膝跪压敌右肋，右手卡压敌咽喉，右手抓敌左手上拉，将其肘关节担于航空安全员右大腿上下压（图 3-137）；

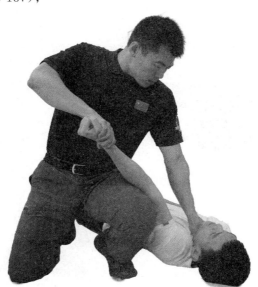

图 3-137　仰卧跪压拿法（二）

（3）或左膝跪砸碾压敌左大臂，两手抓敌左手向外卷压其手背（图 3-138）；

（4）或左膝跪压敌颈，两手抓敌右手上拉，将其肘关节担于我右大腿上下压（图 3-139）；

（5）或两手抓敌左手上拉，左脚以脚掌横扫敌脸后顺势盘腿跪夹敌左大臂，两手将敌左肘关节担于我小腿上下压（图 3-140）；

（6）将敌跪压制服并保持控制后，再行捆、铐、束，也可推压拧别敌肘关节，将敌翻转成俯卧状态，航空安全员顺势转成俯卧骑压拿法，再行捆、铐、束。

图 3-138　仰卧跪压拿法（三）

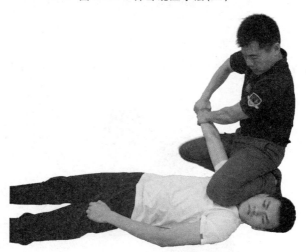

图 3-139　仰卧跪压拿法（四）

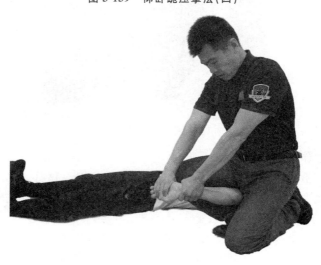

图 3-140　仰卧跪压拿法（五）

要求：训练跪压裆、肋部时，要采取保护措施（如穿戴护具），或仅做演示。其余要求同骑压拿法。

用途：在敌倒地时，以跪压拿法或转俯卧骑压拿法将敌制服控制。

（五）踩压拿法

1 俯卧踩压拿法

要领：

（1）敌俯卧倒地时，航空安全员迅速以左脚踩压敌右肩关节，两手抓敌右手上扳前推，将敌右臂撕别于航空安全员左小腿前（图3-141）；

图3-141　俯卧踩压拿法（一）

（2）或以右脚踩压敌颈椎，左手抓敌左手上拉，右手下按敌肘关节（图3-142）；

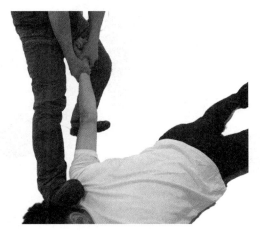

图3-142　俯卧踩压拿法（二）

（3）或右脚猛力跺踩碾压敌左臂后群肌肉或肘、腕、掌指等各关节；

（4）将敌踩压制服并保持控制后，再行捆、铐、束，也可推压拧别敌肘关节，航空安全员顺势转成俯卧骑压拿法，再行捆、铐、束。

2 仰卧踩压拿法

要领：

（1）敌仰卧倒地时，航空安全员迅速以右脚踩压敌腹部，两手抓敌右手上拉拧腕（图3-143）；

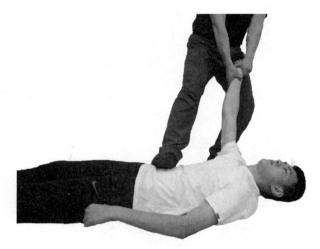

图 3-143　仰卧踩压拿法（一）

（2）或右脚掌外缘踩压敌咽喉，两手抓敌右手上拉拧腕（图 3-144）；

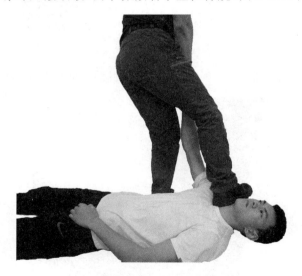

图 3-144　仰卧踩压拿法（二）

（3）或右脚猛力踩踩碾压敌右臂前群肌肉或肘、腕、掌指等关节；

（4）将敌踩压制服并保持控制后，再行捆、铐、束，也可推压拧别敌肘关节，将敌翻转成俯卧状态，航空安全员顺势转成俯卧骑压拿法，再行捆、铐、束。

要求：同骑压拿法要求。

用途：在敌倒地时，以踩压拿法或转俯卧骑压拿法将敌制服控制。

（六）仰压拿法

1 俯卧转仰压锁喉拿法

要领：

（1）敌俯卧倒地，航空安全员以骑压、俯压、跪压等拿法制敌时，敌翻身反抗，航空安全员顺势双手锁抱敌颈，向后仰身翻倒在敌身下，利用敌身体后仰下压航空安全员的重力，双手锁紧敌喉，同时两腿从两侧盘缠夹紧敌身体（图3-145）；

图3-145 俯卧转仰压锁喉拿法

（2）待敌被锁喉盘夹失去反抗能力时，再顺势将敌翻转成俯卧状态，航空安全员顺势转成俯卧骑压拿法后，再行捆、铐、束。

2 俯卧转仰压十字固拿法

要领：

（1）敌俯卧倒地，航空安全员以各种倒地拿法制敌时，敌翻身反抗，航空安全员两手抓敌一手，顺势向敌翻身方向仰身后倒，同时两手抓敌手后拉拽直，将敌肘关节担于航空安全员腹部或大腿内侧，两腿向下砸压封盖住敌胸部和头部，使航空安全员身体与敌身体形成十字叠压状（图3-146）；

图3-146 俯卧转仰压十字固拿法

（2）将敌制服并保持控制后，再行捆、铐、束，也可推压拧别敌肘关节，将敌翻转成俯卧状态，航空安全员顺势转成俯卧骑压拿法，再行捆、铐、束。

要求：同骑压拿法要求。

用途：在航空安全员实施俯卧倒地拿法时，以仰压拿法将翻身反抗之敌制服控制。

（注：基本拿法的防守（反拿解脱）技术，在客舱实战应用技能中的反袭制敌部分有涉及和训练，本节不再重复。）

第四章　客舱实战基本技能

客舱实战基本技能，是将航空安全员在地面场馆环境下的基础培训中已初步掌握的客舱制敌术中的基础知识、基本功和基本技术，通过模拟舱环境下的专门化培训，使之提升和转化为能够适应客舱特殊环境和空保实战特殊要求的基本技能，从而获得在客舱密闭空间和狭窄区域内实施制敌实战行动的自由权和主动权。对进一步增强客舱实战应用技能基础，后续开展模拟舱环境下的实战应用技能培训，提高实战技能水平和应用能力，具有重要意义。客舱实战基本技能包括：客舱内戒备，客舱内移动与接敌，客舱内失衡、倒地与自我保护，客舱内强力攻击。

第一节　客舱内戒备

客舱内戒备，是航空安全员在执行客舱安保勤务过程中，在高度警惕、戒备、防范等实战意识主导支配下而采取的临战身体姿态和身体的应急状态反应。客舱内所有的空保临战处置行动均始于戒备姿势。根据空保勤务中可能遇到的不同情况，客舱内戒备可分为常规巡舱时的戒备、遇突发情况时的戒备、客舱排查时的戒备。

一、戒备姿势（以右戒备势为例）

1　搭手戒备势

要领：站立姿势同格斗势。全脚掌着地，全身放松。左手在腹前搭扣右手腕，两肘贴靠两肋。微收下颌，目视目标（图 4-1）。

图 4-1　搭手戒备势

用途：用于着便装或着执勤服时的常规巡舱戒备。

❷ 扶带戒备势

要领：站立姿势同搭手戒备势。两手分开扶于腹前腰带上，大拇指扣于腰带内侧（图4-2）。

图 4-2　扶带戒备势

用途：用于着执勤服时的常规巡舱戒备。

❸ 推手戒备势

要领：站立姿势同搭手戒备势。左手立掌前推，右手护住已上身的执勤器械（图4-3）。

图 4-3　推手戒备势

用途：用于着便装或着执勤服时的控距戒备。

❹ 提手戒备势

要领：站立姿势同格斗势。两拳张开成立掌（图4-4）。
用途：用于着便装或着执勤服时的对抗戒备。

❺ 持械戒备势

（1）持伸缩棍戒备势。

图 4-4 提手戒备势

要领：站立姿势同搭手戒备势。开棍后，右手持棍置于腰右侧或右肩上，左手提手前推或掌心上托右肘。

用途：用于着便装或着执勤服时的对抗戒备和排查戒备。

(2) 持手电戒备势。

要领：站立姿势同搭手戒备势。右手持手电屈肘上提，灯头向前，指向目标。左手掌心向上托扶右小臂。

用途：用于着便装或着执勤服时的排查戒备。

(3) 持匕首戒备势。

要领：站立姿势同搭手戒备势。右手正握刀（刀尖向后下）置于腰右侧，左手提手前推或掌心向下掩扶于右手虎口处。

用途：用于着便装或着执勤服时的对抗戒备和排查戒备。

二、常规巡舱时的戒备

常规巡舱时的戒备，是航空安全员根据航班派遣等级要求，在正常状态下，以搭手戒备势或扶带戒备势，沿客舱通道对客舱区域进行的例行巡视和观察，并在巡查过程中应保持的戒备。

1 常规巡舱的主要任务

注意观察乘客动态是否正常，有无异常行为，客舱内有无可疑情况，以掌控客舱安全态势和局面。同时做好应对处置各种可能发生的突发情况的准备。

2 常规巡舱时的戒备要求

(1) 巡舱过程中，尽可能保持戒备姿势，注意保护自己的胸、腹、肋、裆等要害部位，心理和意识上要保持一定程度的警觉和戒备。

(2) 身体姿态和神态上要放松，面部表情要平静，目光要柔和，做到外松内紧，松而不懈。不要给乘客造成不必要的紧张甚至恐慌的感觉。

(3)放缓巡舱步速,对自身周围做全方位、多角度的观察。将目视前方区域(中央视觉)作为重点观察和戒备区域,余光(周边视觉)可扫视周边区域,作为补充观察区域。目视所及之处,要快速做出是否正常的判断,以利应对。

三、突发情况时的戒备

突发情况时的戒备,是客舱中出现突发扰乱行为、非法干扰行为等情况时,航空安全员面对目视前方区域出现的具有潜在危险或明显伤害性的不法行为人应保持的戒备。根据危险程度和处置要求的不同,其可分为控距戒备和对抗戒备。

1. 控距戒备

当航空安全员根据突发情况的性质,判断危险程度不高,对方仅具有潜在危险性时,应在距对方1.5米至2米处,采用推手戒备势,保持控距戒备并用语言向对方发出要求其"站住、别动、不要向前"的指令。控距戒备的目的是将航空安全员与对方的距离控制在安全距离上,有利于航空安全员进一步了解对方意图并通过对峙观察掌握对方基本表象信息与特征,进而有效防止事态激化和对方行为失控,降低航空安全员受攻击伤害的风险。

2. 对抗戒备

当航空安全员根据突发情况的性质,判断危险程度较高,对方行为具有明显暴力攻击倾向并向航空安全员逼近时,应迅速采用提手戒备势或持械(伸缩棍、匕首)戒备势,保持对抗戒备并用严厉的语言和语气向对方发出警告。同时根据处置预案和现场实际情况做好抗击和制止对方不法侵害的准备。

四、客舱排查时的戒备

客舱排查时的戒备,是在已成功处置客舱内出现的突发情况并控制客舱局面和不法行为人后,航空安全员为确认客舱是否安全,防止乘客中可能藏匿其他危险人员或危险物品,从而导致二次威胁而采取的防范性、排除性的检查措施及在排查过程中应保持的戒备。

1. 客舱排查的主要任务

通过对乘客和客舱区域的逐一排查,排除藏匿其他危险人员或危险物品的可能性。同时注意排查客舱内是否有可能危及飞行安全的因剧烈搏斗而损坏的部件及需救助的受伤乘客。

2. 客舱排查时的戒备要求

(1)永远按有可能藏匿其他危险人员或危险物品的假设来完成排查任务,不能松懈排查决心,坚持排查到底。同时提高戒备等级和防范意识,小心谨慎、细致认真地进行排查。

(2)在客舱内有照明的情况下,应持伸缩棍、匕首等攻击性器械进行排查。在客舱内没有照明或光线微弱的情况下,应持手电进行排查。

(3)根据排查需要及受客舱通道结构和排查环境限制,排查时的步速可放慢至每步1.5

秒至 2 秒，步幅控制在 60 厘米至 75 厘米，也可根据自身情况灵活调整。

（4）排查顺序是沿通道纵向缓慢前行，重点对左右两侧横向座椅上的乘客及座椅下与地板之间的空隙进行排查。

第二节　客舱内移动与接敌

客舱内移动与接敌，是指当客舱内突发扰乱行为、非法干扰行为等严重危害飞行安全的行为时，航空安全员为第一时间赶到事发现场，接近不法行为人而进行的自身位置的快速转移行动，是客舱安保处置和实战技能应用至为关键和重要的第一步。根据移动与接敌过程中可能遇到的不同情况，移动与接敌可分为常规快速移动接敌、破阻快速移动接敌、隐蔽移动接敌。

一、常规快速移动接敌

在客舱通道尚能通行的情况下，航空安全员以疾走、碎步急跑等步法沿通道快速移动接敌，同时对周围乘客发出"安静""坐下""不要乱动"等指令，以控制客舱局面。遇通道上有乘客时，航空安全员可侧身避让通过或用手将其阻挡住，同时对其发出"请让开"的指令。遇通道两侧座椅上的乘客欲起身离座时，航空安全员可用手将其按下。

二、破阻快速移动接敌

（1）遇情况紧急，通道拥堵时，航空安全员可以低姿侧身（减小阻力），肩撞肘顶，臀挤腿插，两手推、拨、拉、拽的方法强行破阻快速通过。同时对妨碍通行的乘客发出"闪开""让开"等严厉指令。

（2）遇通道严重堵塞已无法强行破阻通过时，航空安全员可以躬身从座椅上两腿交替跨越椅背快速通过，或伏身从座椅上手脚交替爬越椅背快速通过。

三、隐蔽移动接敌

当客舱出现突发情况，航空安全员着便装就座于执勤座椅上时，应注意不要暴露身份，密切观察事态发展和不法行为人的动态走向。根据时机，从原座位起身，快速跨步进入不法行为人左（右）前侧座位，如此交叉换位，逐步隐蔽接敌。

第三节　客舱内失衡、倒地与自我保护

客舱内失衡、倒地与自我保护，是航空安全员在处置突发情况过程中，遇暴力侵袭（拳、

腿打击、拉扯、推搡等)或飞机剧烈颠簸而失衡或倒地时,为避免受伤,摆脱被动态势,而采取的自我保护措施,是倒功技术和专项身体素质在客舱特殊空间中的实战应用。根据暴力侵袭或飞机剧烈颠簸可能造成的后果,客舱内失衡、倒地与自我保护可分为失衡与自我保护,倒地与自我保护。

一、失衡与自我保护

当因暴力侵袭或飞机剧烈颠簸造成航空安全员身体重心出现较大幅度的摇晃、前俯、后仰、左右侧倾、站立不稳等失衡现象时,应就近利用椅背、扶手等支撑物加以支撑和扶靠,做好自我保护,防止因身体失衡而造成的撞伤或摔伤。同时应充分利用支撑物的弹性,快速恢复平衡,稳定重心。如有必要,可顺势以各种拳法、肘法、腿法、膝法回击试图靠近并侵害航空安全员的不法行为人。

二、倒地与自我保护

当因暴力侵袭或飞机剧烈颠簸造成航空安全员完全失去身体重心,无法保持平衡而被迫倒地时,应正确掌握和最大限度发挥在客舱通道、前后排座椅间隙等狭窄空间倒地时的自我保护要领:首先,保护好头部、腰部等要害部位不被撞击;其次,尽量倒向座椅上、椅背上;再次,倒地时尽可能选择侧倒动作,尽量蜷缩团紧身体,以减少着地面积,增强身体整体抗力;最后,尽可能在倒地时迈步下蹲,降低身体重心,或用手抓扶拉拽住就近的座椅、扶手等固定物,以减缓身体倒地时的速度和冲力。如有必要,可在蜷缩团紧身体的基础上,单腿屈腿上抬,以腿法回击试图靠近并侵害航空安全员的不法行为人。

第四节 客舱内强力攻击

客舱内强力攻击,是在模拟舱环境下进行的攻击技术的适应性、针对性和拟人化、专门化的训练,是实战化训练的主要形式和重要阶段。目的是提升航空安全员在客舱中对各类目标实施强力攻击的能力和效果,为客舱制敌实战技能应用打好基础。

一、各类攻击目标的拟人化划分与设置

(1)设置在座椅上的拟人化坐姿或卧姿固定目标:人形沙袋;假人玩具;假人模型;配手以坐姿或卧姿穿戴加厚型散打护具、跆拳道护具等。

(2)设置在通道及其他区域的拟人化立姿或卧姿固定目标:带固定底盘的人形靶、弹簧球;原地可支撑的摔跤人;配手原地立姿手持手靶、脚靶、胸靶;配手原地立姿穿戴加厚型散打护具、跆拳道护具;倒卧在地板上的摔跤人、人形沙袋、假人模型;配手卧姿穿戴加厚型散打护具、跆拳道护具等。

（3）设置在通道及其他通行区域的拟人化立姿活动目标：带滑轮底盘的人形靶、弹簧球；放置在活动支架上的立姿摔跤人、人形沙袋；配手立姿手持手靶、脚靶、胸靶及穿戴加厚型散打护具、跆拳道护具在指定区域的拟人化运动等。

二、对各类拟人化目标的强力攻击

（1）分别采用在基础培训中已掌握的基本拳法、肘法、膝法、拿法等技术动作，对设置在座椅上的拟人化坐姿或卧姿固定目标进行主动攻击练习。允许技术动作有合理变形，直至完全适应客舱空间环境对技术动作及其自由施展发挥的限制，达到强力攻击的程度和快、准、狠、稳的标准。

（2）分别采用在基础培训中已掌握的基本拳法、腿法、肘法、膝法、摔法、倒地拿法等技术动作，对设置在通道及其他通行区域的拟人化立姿或卧姿固定目标进行主动攻击练习。允许技术动作有合理变形，直至完全适应客舱空间环境对技术动作及其自由施展发挥的限制，达到强力攻击的程度和快、准、狠、稳的标准。

（3）分别采用在基础培训中已掌握的基本拳法、腿法、摔法、倒地拿法等技术动作，对设置在通道及其他区域的拟人化立姿活动目标进行主动攻击练习。允许技术动作有合理变形，直至完全适应客舱空间环境对技术动作及其自由施展发挥的限制，达到强力攻击的程度和快、准、狠、稳、活的标准。

第五章 客舱实战应用技能

客舱实战应用技能,是在已掌握基本技术和初步具备实战基本技能的基础上,直接应用于客舱空保实战的技术动作和实战能力。根据客舱空保实战的特点和性质,客舱空保实战的形式和实战应用技能的类别主要有:突袭制敌、反袭制敌、徒手格斗制敌、夺凶器制敌、搜身与强制带离。正确学会和全面掌握实战应用技术动作,提高实战应用能力,对及时处置飞行中出现的扰乱行为以及非法干扰行为等严重危害飞行安全的行为,有效制服不法行为人,有力保障航空运输安全和机上乘客及机组人员的人身安全,具有十分重要的作用和现实意义。

第一节 突袭制敌

突袭制敌,是航空安全员在有针对性准备的情况下,趁敌不备,以突然袭击的方式,将其制服控制的实战应用技术动作与能力。其特点是出其不意,攻其不备,一招制服,疾速控制,以摔拿为主,辅以踢、打,讲究突袭方法的智取谋略,强调突袭动作的快、准、狠、猛和一气呵成,不允许敌有丝毫反抗的余地。

一、由前突袭制敌

1 抱腿顶摔

要领:

(1)航空安全员由前(或侧前)接近敌时,左脚上步,右直拳(或掌)突击敌面,随即右脚上步插入敌两腿间呈右弓步,两手分抱敌两膝关节后上部,右肩、头右侧顶靠敌腹、肋部(图5-1);

(2)以肩、头向前顶撞下压,两手后拉上提的合力,将敌向后仰摔倒地,两手臂夹抱敌小腿于航空安全员腰间(图5-2);

(3)将敌腿摔砸于地,或夹拧敌腿将敌翻转成俯卧倒地,以倒地拿法将敌制服控制。

要求:接敌自然,上击下抱突击连贯,顶摔要猛,各部位协同发力,转入倒地拿法要快、狠。配手在操练者击面时要仰头,后倒时要低头,以

图5-1 抱腿顶摔(一)

图 5-2　抱腿顶摔(二)

防受伤。

用途:主要用于由前制服控制身高体壮之敌。

❷ 绊腿扼喉

要领:

(1)航空安全员由前接近敌右侧前时,左脚上步,左手抓敌右腕,右手扼敌喉(图 5-3);

图 5-3　绊腿扼喉

(2)以右手扼喉前推,左手后拉敌右腕,右脚前摆后绊敌右腿的合力,将敌向后仰摔倒地;

(3)以倒地拿法将敌制服控制。

要求:接敌自然,抓腕扼喉绊腿要快、猛,上下协同发力;敌后倒时要抓住其右腕,以利转入倒地拿法。配手后倒时要低头,操练者可抓住配手右腕上提,减缓其后倒冲力。

用途:主要用于由前制服控制身强体壮之敌。

视频 31　扼喉

3　击腹(裆)砍脖

要领：

(1)航空安全员由前接近敌右侧前时,左脚上步,左手按住敌右臂,右手以勾拳击敌腹(拳心或掌心撩击敌裆)(图5-4);

(2)趁敌本能弯腰收腹低头之际,抽提右拳变掌,以掌根为力点向下劈砍敌颈椎或颈总动脉,将敌击倒(图5-5),以倒地拿法将敌制服控制。

图 5-4　击腹砍脖(一)

图 5-5　击腹砍脖(二)

要求：接敌自然,左手按压敌右臂要紧,右手击腹、砍脖要狠,快速连贯,干脆利索。配手可穿戴护具,操练者右手可戴拳套击腹砍脖,或徒手以掌心击腹、拍颈仅做表示,以防配手受伤。

用途：同绊腿扼喉用途。

视频 32　击腹(裆)砍脖

4　挑肘别臂

要领：

(1)航空安全员由前接近敌右侧前时,左脚上步,左手抓敌右腕,右小臂向上挑击敌右肘(图5-6);

（2）随即原地右后转身的同时，右手扒敌右肩下压，左手向上推别敌右臂（图5-7）；

图 5-6　挑肘别臂（一）

图 5-7　挑肘别臂（二）

（3）将敌别臂向前下压服倒地，以倒地拿法将其制服控制。

要求：接敌自然，抓腕要准，挑肘要狠，转身扒肩要快，别臂下压要猛，动作快速连贯，协调一致；配手应先行做别臂倒地练习（左转头，右臂自行反别在背上，左小臂和右肩着地前倒），以防止被别臂压服倒地时受伤。

用途：主要用于由前制服控制有可能右手握持凶器之敌，或两人左、右配合突袭制敌。

视频33　挑肘别臂

5　拉肘扣腕

要领：

（1）航空安全员由前接近敌右侧前时，左脚上步，左手抓敌右肘向航空安全员怀里回拉，右掌心包拢敌右手背向其腰后推别（图5-8）；

（2）双手合力扣压敌右腕，胸、肋顶紧敌右大臂（图5-9）；

（3）直接以扣腕动作将敌制服控制并带离后再行上铐；也可在扣腕后，在同伴配合下将敌双手由后铐住后带离现场。

要求：拉肘、推别要快，扣腕要狠，迫敌因剧烈疼痛而跷起脚尖，以利上铐或带离；操练者扣腕要掌握好分寸，以配手能承受为限度。

用途：适宜于由前快速隐蔽突袭制敌。

图 5-8 拉肘扣腕（一）

图 5-9 拉肘扣腕（二）

视频 34 拉肘扣腕

6 折腕牵羊（握手撅指）

要领：

（1）航空安全员由前接近敌时，左脚上前一步，在暂时消除敌疑虑和戒备的同时，以各种形式诱敌右手伸出（例如：主动伸出右手与敌右手相握）；

（2）两手疾速扣握敌右手掌心，拇指顶紧其掌背，两手合力向下折压敌腕，迫敌因腕关节剧痛而跪倒（图5-10）；

（3）也可在握手过程中，疾速以大拇指、食指圈牢扣紧敌大拇指的掌指关节处，以右手虎口和拇指、食指的顶撅合力，向后下顶撅敌拇指，迫敌因拇指剧痛而跪倒；

（4）航空安全员右脚后撤一大步，在保持折腕（撅指）的同时，将敌向航空安全员右侧后牵拉倒地（图5-11），以倒地拿法将敌制服控制。

要求：接敌自然，诱敌逼真，扣握敌手（指）要快，折腕（撅指）要狠，伤（断）敌腕（指），牵拉倒地要连贯，一气呵成；操练者折腕（撅指）要掌握好分寸，以配手能承受为限度。

用途：适宜着便装由前制服控制可能携带凶器或危险物品之敌。

视频 35 折腕牵羊（握手撅指）（一）

视频 36 折腕牵羊（握手撅指）（二）

图 5-10　折腕牵羊（握手撅指）（一）　　　　图 5-11　折腕牵羊（握手撅指）（二）

二、由后突袭制敌

1　抱腿顶摔

要领：

（1）航空安全员由后接近敌时，右脚上前一大步，插入敌两腿间呈右弓步，两手分抱敌两膝关节前部，头右侧、右肩顶靠敌腰、臀部（图5-12）；

（2）以右肩前顶，两手后拉上提的合力将敌向前俯摔倒地，两手臂夹抱敌小腿于航空安全员腰间（图5-13）；

图 5-12　抱腿顶摔（一）　　　　图 5-13　抱腿顶摔（二）

（3）将敌腿摔砸于地，以倒地拿法将敌制服控制。

要求：接敌隐蔽，上步抱腿突然，顶摔要猛，各部位协同发力，转入倒地拿法要快、狠；配手倒地时要做好前倒动作,操练者如使用骑压拿法时,配手要屏息憋气,以防腰椎受伤。

用途:同由前抱腿顶摔用途,只是方向相反。

视频37　抱腿顶摔

2　踹膝锁喉

要领:

(1)航空安全员由后接近敌时,左脚前垫步,右脚低踹(截)敌左膝腘窝后落于敌左脚外侧,同时,趁敌上体后仰之际,右掌以大拇指一侧为力点,环挫敌颈后抓牢敌左肩,屈臂以右小臂桡骨横卡锁紧敌咽喉,左手抓敌左腕后拉(图5-14);

(2)直接以锁喉动作将敌制服并带离现场后再行上铐;也可左后转身,以夹颈摔将敌摔倒,以倒地拿法将敌制服控制。

要求:接敌隐蔽,垫步踹膝突然,挫颈锁喉要快、狠,拖带或转夹颈摔和倒地拿法要快速连贯,一气呵成;配手在被锁喉时可适当收紧下颌,操练者锁喉要掌握好力度和时长,以防配手窒息。

用途:用于由后制服控制身强力壮之敌或可能身藏凶器之敌。

视频38　踹膝锁喉

3　掏裆砍脖

要领:

(1)航空安全员由后接近敌左侧后时,右脚在前,右手由后掏抓敌裆上提,同时,左脚上步,左手横掌下砍敌颈椎,将其摔倒(图5-15);

(2)以倒地拿法将敌制服控制。

要求:接敌隐蔽,掏裆要深,抓裆要狠,上提下砍要猛,上下协调一致。配手在操练者掏裆砍脖时应提臀前倒,操练者掏、抓裆时可抓大腿内侧裤子或以掌心托裆,砍脖要有定点或改砍为拍,以防配手受伤。

用途:同踹膝锁喉用途。

视频39　掏裆砍脖

图 5-14　踹膝锁喉　　　　　　　　图 5-15　掏裆砍脖

4　拉肩顶腰

要领：

(1) 航空安全员由后接近敌背后时，两手抓敌肩（衣领、头发）后拉，同时，右膝前顶敌后腰（图 5-16）；

(2) 右脚向后落步，将敌后拉倒地，以倒地拿法将敌制服控制。

要求：接敌隐蔽，抓肩要紧，后拉要猛，顶腰要狠，上下协同发力。配手被拉肩顶腰时应弯腰后仰，后倒地时要低头，操练者顶腰时不得用力过猛。

用途：同踹膝锁喉用途。

视频 40　拉肩顶腰

5　架臂扣颈

要领：

(1) 航空安全员由后接近敌背后时，两臂从敌腋下穿出上提，将敌臂向上架起，随即两手十指交叉向下扣压敌颈（图 5-17）；

(2) 直接以架臂扣颈动作将敌制服并带离现场后再行上铐；

(3) 或向前下扣压敌颈，迫敌后坐倒地，以倒地拿法将敌制服控制。

要求：接敌隐蔽，穿臂要快，架臂要高、猛，扣颈要狠，操练者扣颈要掌握好分寸，以防配手颈椎受伤。

用途：适宜于由后制服控制有可能携持凶器或危险物品之敌。

图 5-16 拉肩顶腰

图 5-17 架臂扣颈

视频 41 架臂扣颈

6 携臂扣腕

要领：

（1）航空安全员由后接近敌左侧后时，左脚上步，右手抓敌左大臂，左手掌心向前推抓上折敌左小臂（图 5-18）；

（2）两手掌心合力包拢敌左掌背，向下扣压其腕，同时，右臂夹紧，右胸贴靠敌左臂（图 5-19），直接以携臂扣腕动作将敌制服并带离现场后再行上铐；

图 5-18 携臂扣腕（一）

图 5-19 携臂扣腕（二）

(3)也可在扣腕后,在同伴配合下将敌双手由后铐住后带离现场。

要求:同由前拉肘扣腕的要求,只是方向相反。

用途:同由前拉肘扣腕用途。

视频 42　携臂扣腕

第二节　反袭制敌

反袭制敌,是在敌趁航空安全员不备,以恶意抓、抱等手段对航空安全员施加暴力袭扰时,航空安全员解脱后反将敌制服控制的实战应用技术动作与能力。其特点是机警反应,沉着应对,顺势化解,直接解脱、击打解脱、反拿解脱三管齐下,多措并举,灵活处置。

一、敌由前抓、抱袭扰的解脱与反拿

(一)敌由前抓发的解脱与反拿

1　敌由前抓发的击打解脱

要领:

(1)敌由前以右手抓住航空安全员头发时,航空安全员可用拳心砸击敌手背,掌心推、托敌肘关节,或小臂格击敌肘关节等方法击打解脱;

(2)危急时,可用掌心扑击敌眼,掌指戳击敌咽喉、腋窝,用"透骨拳"击敌肋部、掌根砍击敌肘或大臂肱二头肌等方法击打解脱。

2　敌由前抓发的反拿解脱

要领:

(1)敌由前以右手抓住航空安全员头发时,航空安全员可以两手向下扣压敌掌背,头顶向前顶敌掌心的合力反折敌腕(图 5-20)后,以折腕牵羊将敌反拿制服;

(2)或以左手按压敌掌背,右手抓敌肘下拉(图 5-21),顺势反折夹抱敌臂(图 5-22),将敌反拿制服。

要求:练习时,配手应真实模拟敌抓发袭扰时的心态和举动,为操练者练习和掌握反袭制敌技术创造条件。不得抓发过轻或提前松手来曲意配合,不得暗自绷劲较力或故意抬杠

图 5-20　敌由前抓发的反拿解脱（一）

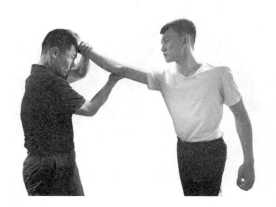

图 5-21　敌由前抓发的反拿解脱（二）

图 5-22　敌由前抓发的反拿解脱（三）

而妨碍练习。击打解脱和反拿解脱时，操练者要掌握好分寸，以防配手受伤。

用途：主要用于解脱制服由前对航空安全员抓发袭扰之敌。

视频 43　敌由前抓发的反拿解脱（一）

视频 44　敌由前抓发的反拿解脱（二）

（二）敌由前抓领的解脱与反拿

1　敌由前抓领的击打解脱

要领：

（1）敌由前以右手抓住航空安全员衣领（或肩袢）时，航空安全员可用拳心砸击敌掌背，掌心推、托敌肘关节，或左手按压敌掌背，右后转身拉直敌右臂的同时，以左肩撞击敌肘关节等方法击打解脱；

（2）危急时，可用与"抓发击打解脱"相同的方法击打解脱。

2 敌由前抓领的反拿解脱

要领：

(1) 敌由前以右手抓住航空安全员衣领(或肩袢)时,航空安全员除可用与"抓发反拿解脱"相同的方法反拿解脱外,还可以右手按压敌掌背,右肘尖向下砸击敌肘(图5-23)后,肘尖外拐,右臂乘机从敌右臂下缠绕穿出后顺势锁住敌右肩(图5-24),将敌反拿制服;

图 5-23　敌由前抓领的反拿解脱(一)

图 5-24　敌由前抓领的反拿解脱(二)

(2) 或以左手按压敌掌背,右肘尖向下砸击敌肘后,肘尖外拐,右臂乘机从敌右臂下缠绕穿出后夹别敌右臂,右手扼敌喉(图5-25),将敌反拿制服。

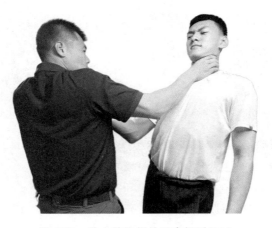
图 5-25　敌由前抓领的反拿解脱(三)

要求：同由前抓发的解脱与反拿的要求。

用途：主要用于解脱制服由前对航空安全员抓领袭扰之敌。

视频 45　敌由前抓领的反拿解脱

（三）敌由前扼喉的解脱与反拿

1 敌由前扼喉的击打解脱

要领：

（1）在敌将航空安全员推挤顶靠在支撑物或座位上，并以双手扼住航空安全员喉的危急时刻，航空安全员在收紧下颌和屏息憋气，以缓解敌扼喉压力的同时，可用与抓发击打解脱相同的方法击打解脱；

（2）还可以双拳同时从敌两臂之间上冲撑开敌双臂（图5-26），双拳下砸敌面；

（3）或以两小臂（两掌心）同时合力向内夹击敌两臂肘关节（图5-27）等方法击打解脱。

图 5-26　敌由前扼喉的击打解脱（一）

图 5-27　敌由前扼喉的击打解脱（二）

视频 46　敌由前扼喉的击打解脱（一）

视频 47　敌由前扼喉的击打解脱（二）

视频 48　敌由前扼喉的击打解脱（三）

2 敌由前扼喉的反拿解脱

要领：

（1）在敌将航空安全员推挤顶靠在支撑物或座位上，并以双手扼住航空安全员喉的危急时刻，航空安全员在收紧下颌和屏息憋气，以缓解敌扼喉压力的同时，可用与抓领反拿解脱相同的方法反拿解脱；

（2）还可以两手交叉抓握并向左、右分开敌两腕后，运用杠杆原理，将敌两臂相互"十字别肘"（图 5-28），反拿解脱。

图 5-28　十字别肘

要求：同由前抓发的解脱与反拿。配手要注意掌握好扼喉的分寸，以防操练者窒息。

用途：主要用于解脱制服由前对航空安全员扼喉袭扰之敌。

视频 49　十字别肘

（四）敌由前抓腕的解脱与反拿

1　敌由前抓腕的直接解脱

要领：

（1）敌右手或双手同时抓住航空安全员右腕时，航空安全员可以被抓手腕或小臂横向、纵向挫压敌大拇指的方法直接解脱；

（2）若敌双手抓握力量较大，航空安全员可辅以假动作直接解脱：采用欲左先右，欲下先上的假动作，诱敌向航空安全员假动作方向用力，然后航空安全员突然改变解脱方向，使敌抓握力量落空，达到直接解脱的目的。

2　敌由前抓腕的击打解脱

要领：

（1）敌右手或双手同时抓住航空安全员一手手腕时，航空安全员以左手抓敌腕或掌根砍击敌掌指，辅助右手臂交错用力挣脱敌手的抓握（图 5-29）；

（2）也可左手握拳以拳峰向下砸击敌右手背，或以膝盖向上撞击敌右手腕的方法（图 5-30），迫敌松手。

图 5-29　敌由前抓腕的击打解脱（一）

图 5-30　敌由前抓腕的击打解脱（二）

视频 50　由前抓腕的击打解脱

3　敌由前抓腕的反拿解脱

要领：

（1）敌右手抓住航空安全员右腕时，航空安全员可用缠腕压肘：左手按压敌右掌背，右掌外旋缠绕抓握并向下拧卷敌腕，左肘下压敌肘关节（图 5-31）；

（2）或扣掌切腕：右手扣压敌右掌背，左掌外旋搭扣敌小臂，两手合力垂直向下猛然沉劲切腕（图 5-32）；

图 5-31　敌由前抓腕的反拿解脱（一）

图 5-32　敌由前抓腕的反拿解脱（二）

（3）或翻掌拧腕：右掌外旋翻转，掌心向上，同时左掌在下接扣敌右掌背，随即右掌内旋，掌心向下抓握敌腕，两手合力向敌身后拧别（图 5-33）；

（4）或倒抓卷腕：左手拍击扣压敌右掌背，右手虎口向上倒抓敌右腕，两手合力外旋卷压敌腕（图 5-34），将敌反拿制服。

要求：同由前抓发的解脱与反拿的要求。

用途：主要用于解脱制服由前对航空安全员抓腕袭扰之敌。

视频 51　敌由前抓腕的反拿解脱（一）

视频 52　敌由前抓腕的反拿解脱（二）

图 5-33 敌由前抓腕的反拿解脱（三）　　图 5-34 敌由前抓腕的反拿解脱（四）

视频 53 敌由前抓腕的反拿解脱（三）　　视频 54 敌由前抓腕的反拿解脱（四）

（五）敌由前抱腰的解脱与反拿

1 敌由前抱腰的应激反应

要领：

（1）敌由前以双手抱住航空安全员腰时，航空安全员的应激反应首先应是疾速撤步、弓身、沉腰、降低重心，以此来保持其重心稳固和腰部的活动余地；

（2）减缓敌抱腰的冲力，避免出现被敌抱紧箍牢，或被敌抱起、被敌后折腰而失去身体重心和平衡的被动局面，为航空安全员实施解脱与反拿创造条件。

2 敌只抱住航空安全员腰或连带抱住航空安全员一侧手臂的解脱与反拿

要领：

（1）在应激反应的基础上，航空安全员可用未被抱住的手臂，以前横肘（或砍掌）击敌颈，短直拳击敌头、肋，或以前顶膝击敌裆、腹，脚后跟踩敌脚背等方法击打解脱；

（2）也可以使用双手或单手扳头拧转的方法（参见抱腰夹颈防守技术）反拿解脱。（图5-35）

3 敌同时抱住航空安全员双臂和腰的解脱与反拿

要领：

（1）在应激反应的基础上，航空安全员可以采取左右晃腰、向下缩身、向上架撑等方法，使航空安全员被抱双臂有所松动并滑移到适合攻击的位置，或使航空安全员双臂肘关节以下部位能自由动作，随即以砍掌（或透骨拳、短直拳）击肋、后腰，前撩掌击裆、前额砸面等方法击打解脱；

（2）也可双手下插抱敌单腿，以低抱腿或高抱腿摔法将敌摔倒；

（3）或以左臂搂夹拉转敌左臂，右手反别敌左膝关节外侧的合力，将敌别摔倒地，以倒地拿法将敌反拿制服。

要求：同由前抓发的解脱与反拿的要求。

用途：主要用于解脱制服由前对航空安全员抱腰袭扰之敌。

视频 55　敌同时抱住航空安全员双臂和腰的解脱与反拿

注：敌由前抱腿的解脱与反拿，可参见低抱腿摔防守技术，本节不再重复。

图 5-35　敌同时抱住航空安全员一侧手臂和腰的解脱与反拿

二、敌由后抓、抱袭扰的解脱与反拿

（一）敌由后抓发的解脱与反拿

1　敌由后抓发的应激反应

要领：

（1）敌由后以右手抓住航空安全员头发时，航空安全员的应激反应首先应是快速甩头转身，或低头、缩脖、耸肩并向前俯腰或后撤一步支撑；

（2）防止出现被敌抓发后拉而向后仰身失去重心或被拉倒的被动局面，为航空安全员实施解脱与反拿创造条件。

2　敌由后抓发的击打解脱

要领：

（1）在应激反应基础上，航空安全员可以右拳心向头后砸击敌手背；左掌心向后撩击敌裆；

（2）左后转身左拳（左后横肘）击打敌面（颈）或左腿侧踹敌胸、腹；

（3）右腿从侧后下截敌右腿，右脚跟踩敌右脚背等方法击打解脱。

3　敌由后抓发的反拿解脱

要领：

（1）必要时，航空安全员双手由头后抓握敌腕，以翻身拧腕别臂（同图 3-105），将敌反拿制服；

（2）或左手由头后按压敌手背，右手以拉肘反折夹抱（图 5-36）将敌反拿制服；

（3）也可以右手由头后扣压敌手背，左转身，左脚后撤一步，左肘侧顶击敌肋（图 5-37），随即右手抓敌小臂，弯腰转体，低头前顶，两手合力扣腕下压，将敌反拿制服。

要求：应激反应要快，连接使用击打解脱或反拿解脱要快速迅猛，连贯协调，一气呵成，不能有半点犹豫、迟疑和停顿。其余要求同由前抓发的解脱与反拿。

用途：主要用于解脱制服由后对航空安全员抓发袭扰之敌。

图 5-36 敌由后抓发的反拿解脱（一）

图 5-37 敌由后抓发的反拿解脱（二）

视频 56 敌由后抓发的反拿解脱

（二）敌由后抓领的解脱与反拿

1 敌由后抓领的应激反应

要领：敌由后以右手抓住航空安全员衣领（或肩袢）时的应激反应与敌由后抓发时的应激反应相同。

2 敌由后抓领的击打解脱

要领：

(1) 在应激反应基础上，航空安全员除可用与由后抓发的击打解脱相同的方法击打解脱外，还可在右（左）后转身的同时，屈臂立肘，以右（左）小臂格挡敌肘解脱（图 5-38）；

(2) 必要时，可左后转身，低头绕闪后，低抱敌腿（图 5-39），将敌摔倒。

视频 57 敌由后抓领的解脱与反拿（一）

视频 58 敌由后抓领的解脱与反拿（二）

3 敌由后抓领的反拿解脱

要领：

(1) 在敌由后以右手抓航空安全员衣领（或肩袢）时，航空安全员可以左手由右肩前向后按压敌手背，右肘绕闪后以沉肘砸击敌肘，右臂夹抱敌小臂，两手顺势外旋卷压敌腕（图 5-40）将敌反拿制服；

(2) 或以"按掌拉肘，反折夹抱"的方法（同图 5-21、图 5-22），将敌反拿制服。

图 5-38　敌由后抓领的击打解脱（一）

图 5-39　敌由后抓领的击打解脱（二）

图 5-40　敌由后抓领的反拿解脱

视频 59　敌由后抓领的反拿解脱

要求：同由后抓发的解脱与反拿要求。

用途：主要用于解脱制服由后对航空安全员抓领袭扰之敌。

（三）敌由后锁喉的解脱与反拿

1　敌由后锁喉的应激反应

要领：敌由后以右手锁住航空安全员喉时，航空安全员的应激反应首先应是快速低头、缩脖、耸肩、收下颌，同时屏息憋气，手抓敌腕下拉外掰。以减缓敌手臂对航空安全员颈部的压迫,避免因喉被锁紧而出现呼吸困难、无力解脱、受制于敌甚至窒息昏迷的严重后果,为航空安全员实施解脱与反拿创造条件。

2 敌由后锁喉的击打解脱

要领：

(1)在应激反应基础上,航空安全员可以右(左)肘侧后顶击敌腹、肋,左脚掌(脚后跟)后上撩踢敌裆,右脚后跟跺敌右脚背等方法击打解脱;

(2)也可在被敌后锁拉倒或航空安全员伪装窒息下坐后倒时,右腿顺势向后上踢击敌头解脱。

3 敌由后锁喉的反拿解脱

要领：必要时,航空安全员可左转身甩头顶撞挤靠敌胸,同时左手抓敌腕下拉外掰,右手推别敌肘,趁机脱出头、颈后,将敌小臂拧别反拿制服。

要求：同由后抓发的解脱与反拿。

用途：主要用于解脱制服由后对航空安全员锁喉袭扰之敌。

视频60　敌由后锁喉的反拿解脱

（四）敌由后抱腰的解脱与反拿

1 敌由后抱腰的应激反应

要领：敌由后以双手抱住航空安全员腰时,航空安全员的应激反应首先应是两腿速向左右撑开,呈马步下蹲,同时重心下沉,屏息憋气,紧腰撅臀,两手用力向下向外抓拉或撑按敌抱腰手臂,以保持重心稳定,减缓敌抱腰紧箍压力,避免出现被敌抱起或被左右抢摆的被动局面,为航空安全员实施解脱与反拿创造条件。

2 敌由后抱腰的击打解脱

要领：

(1)在应激反应基础上,航空安全员可针对敌只抱住航空安全员腰,或同时抱住航空安全员一侧手臂和腰,或同时抱住航空安全员两侧手臂和腰等不同情况,灵活采用以左、右后横肘连击敌头;

(2)左、右侧后顶肘连击敌肋、腹;

(3)以航空安全员指甲尖抠、掐、勾、刮敌手指甲根灰白部位;

(4)脚掌(脚后跟)后上撩踢敌裆;

(5)脚后跟跺敌脚背等方法击打解脱。

3 敌由后抱腰的反拿解脱

要领：

（1）必要时，航空安全员可针对敌不同抱腰情况，或两手搂夹敌右手臂，右脚向前迈一大步，同时左后转身，将敌摔砸于身下，以倒地拿法将敌反拿制服；

（2）或上体前俯，两手向后下抓抱敌小腿向前上抽拉，同时臀部向下坐压敌膝关节，将敌向后坐摔倒地，以倒地拿法将敌反拿制服；

（3）也可以左手抓按敌右腕，右手掐握敌右肘关节少海穴或麻筋处，两手合力，将敌右臂解脱后别臂反拿制服。

要求：同由后抓发的解脱与反拿的要求。

用途：主要用于解脱制服由后对航空安全员抱腰袭扰之敌。

视频 61 敌由后抱腰的解脱与反拿　　　视频 62 敌由后抱腰的解脱与反拿

第三节　徒手格斗制敌

徒手格斗制敌，是在敌准备实施或正在实施不法行为时，航空安全员在不准、不能或无法使用器械的情况下，与敌徒手格斗，并将其制服控制的实战应用技术动作与能力。其特点是手脚并用，长短结合，上下相随，攻防兼备，攻势凌厉，速战速决，讲究打、踢、摔、拿技术的有序组合，灵活运用，强调将敌重创击倒后在地面将敌制服控制。

一、徒手格斗制敌的战斗途径

现有的空保战斗实例已经证明：在敌我双方势均力敌（指在人数、体能、格斗技能等方面大致相当）的情况下，不可能通过一两次交手就能将敌制服控制；在敌顽抗的情况下，单独使用一类技击方法（如拳法或腿法或摔法）与敌格斗，除非航空安全员在该类方法上具有很高的水平和较大的技术优势，否则很难将敌制服；直接使用拿法更不可能将敌制服控制；同时，空保战斗的特殊性以及航空安全员的实战训练水平和体能状况等现实因素，也决定了不能与敌拼体力、耗时间。因此，要想迅速取得战斗胜利，只能是最大限度发挥航空安全员已掌握的客舱实战应用技能的基础上，最经济、合理地分配和使用航空安全员的体能，以最快的速度，在最短的时间内将敌制服控制的前提下，选择最简捷有效的战斗途径，即通过打、踢、摔基本技术的有序组合和灵活运用，形成快速连贯、勇猛凌厉、效果显著的战斗组合，将敌打倒、踢倒、摔倒并在敌倒航空安全员立（或航空安全员也相应倒地）的态势下，迅速转入使用倒地拿法，将敌制服控制住，使敌无法反抗或不敢再反抗，为捆、铐、束创造便利条件。

二、徒手格斗制敌的战斗组合

(一) 打、踢组合

1 组合规律

打、踢组合,主要是指拳法与腿法的组合,是在单拳、单腿或组合拳、组合腿的基础上,按照同侧拳、腿组合或异侧拳、腿组合的原则,和先拳后腿或先腿后拳的组合顺序,以及二点组合或三点组合的点数要求等组合规律,根据实战应用的需要,灵活有序组合而成的。

为了保证进攻组合的速度、力度、节奏和效果,以及为了保持组合与组合之间的灵活转换,一般以两个或三个进攻动作组成一个进攻组合为宜。习惯上把两个或三个进攻动作组成的组合简称为"二点组合"或"三点组合"。

2 二点组合(示例)

(1)左直拳—左截腿(左蹬腿、前垫步左踹腿)。

用途:航空安全员左直拳虚晃击敌面,紧接左截腿击敌腿膝关节或左蹬腿(前垫步左踹腿)击敌胸。

(2)左截腿(左蹬腿、前垫步左踹腿)—左直拳。

用途:航空安全员以左截腿吸引敌注意力,紧接左直拳击敌面,或左蹬腿击敌腹(前垫步左踹腿击敌胸),紧接左直拳击敌面。

(3)左(右)摆拳—右(左)鞭腿。

用途:航空安全员以左(右)摆拳击敌头,紧接右(左)鞭腿击敌头。

3 三点组合(示例)

(1)左直拳—右直拳—右蹬腿(右踹腿)。

用途:航空安全员以左、右直拳连击敌面,紧接右蹬腿或右踹腿击敌胸。

(2)右蹬腿—左蹬腿—左直拳。

用途:航空安全员以右、左蹬腿连击敌腹,紧接左直拳击敌面。

(3)左直拳—右摆拳—左鞭腿。

用途:航空安全员以左直拳、右摆拳连击敌面和敌头,紧接左鞭腿击敌头。

(二) 打、踢、摔组合

1 组合规律

打、踢、摔组合,主要是指拳法、腿法与低抱腿摔、抱腰夹颈摔的组合,是在拳、腿组合与单个摔法动作的基础上,按照先打(踢)后摔、以打(踢)掩摔、摔中带打(踢)的组合规律,灵活有序组合而成的。

(1) 先打（踢）后摔。

先打（踢）后摔，是指在徒手格斗过程中，由于受双方攻防态势的限制，无法直接对敌实施各种摔法时，可先由打（踢）开始，进逼到合适的距离，同时以各种凶狠猛烈的拳、腿组合进攻打乱敌防守态势，给航空安全员近身实施摔法创造空当和时机。

(2) 以打（踢）掩摔。

以打（踢）掩摔，是指为了不暴露航空安全员摔法意图，保证摔法的突然性和一次得手成功，而有意识有目的地以各种拳、腿组合进攻作为幌子，吸引、转移或分散敌注意力，掩护航空安全员突然近身实施摔法。

(3) 摔中带打踢

摔中带打踢，是指在双方互搂抱夹的过程中，航空安全员抢先或寻机以各种近身短拳猛力击打敌要害部位，削弱敌的抗摔能力，增强摔打效果；也可在航空安全员摔法一时未能奏效的情况下，果断终止摔法，快速脱手脱身，转以拳或腿击敌。

2 先打（踢）后摔组合（示例）

(1) 直拳组合进攻——低抱腿摔。

用途：航空安全员以直拳二点或三点组合，进逼连击敌面，趁敌仰头闪躲，下肢出现防守空当时，疾速近身低抱腿将敌摔倒。

(2) 直、摆拳组合进攻——夹颈摔。

用途：航空安全员以直、摆拳二点或三点组合，进逼连击敌头，趁敌偏头闪躲，颈部出现防守空当时，疾速近身搂夹敌颈将敌摔倒。

(3) 摆、勾拳组合进攻——抱腰摔。

用途：航空安全员以摆、勾拳二点或三点组合，连击敌头、腹，趁敌偏头收腹闪躲，腰部出现防守空当时，疾速贴身正面搂抱敌腰或侧身夹抱敌腰，以各种抱腰摔法将敌摔倒。

3 以打（踢）掩摔组合

(1) 可采用与先打（踢）后摔相近似的组合，但在打（踢）动作的意识和力度上，要明确以打（踢）掩护摔法的指导思想，在具体组合运用时，要达到晃上掩下，上虚下实，虚实难辨的目的和效果。

用途：在打（踢）动作掩护下，以摔法将敌摔倒。

(2) 格斗中诱敌拳、腿出击，以掩护航空安全员闪身近摔的组合技术，可参见本教材中低抱腿、高抱腿、抱腰夹颈时机的有关技术。

用途：诱敌拳、腿出击，为航空安全员闪身近摔提供掩护和制造机会。

4 摔中带打（踢）组合（示例）

(1) 低抱双腿不成时，可一手抱敌单腿，另一手以摆拳或立拳形式的短直拳猛击敌肋或头。

用途：重创敌肋，削弱敌抗摔能力，为低抱单腿摔创造条件。

(2) 侧身抱腰或夹颈摔前，腾出航空安全员的辅助手，以摆拳、勾拳或立拳形式的短直拳猛击敌肋或头、面部。

用途：同以打（踢）掩摔组合的用途。

(3)实施摔法未奏效,可左手推撑敌身体,脱出右手以直拳重击敌面,或在双方已脱离接触时,急赶一步起右腿蹬击敌腹。

用途:转摔为打(踢),使敌无喘息机会,无法逃脱。

三、由打、踢、摔转入倒地拿法的时机与方法

(1)敌被重击倒地,航空安全员仍保持稳定的站立姿态时,应充分利用敌倒地瞬间已丧失反抗能力的有利时机,根据敌倒地的姿态和航空安全员自己的位置,从各种转入方法中,选用适宜的转入方法,将敌压服住,同时迅速连接使用相应的倒地拿法,将敌制服控制。

(2)敌被击倒地,航空安全员因用力过猛或其他原因站立不稳,即将随之倒地时,航空安全员应充分利用敌倒地后尚来不及反抗的有利时机,以最接近航空安全员即将倒地姿势的一种转入方法,直接将敌压服住,同时迅速连接使用相应的倒地拿法,将敌制服控制。

(3)航空安全员使用摔法,有意用身体将敌砸压在身下时,应充分利用航空安全员身体的砸压力量和地面的反作用力对敌身体的双重夹击作用,使敌丧失反抗能力,同时迅速连接使用相应的倒地拿法,将敌制服控制。

(4)敌被击倒地,航空安全员仍抓住敌一手臂或抱住敌一腿或双腿时,航空安全员可直接对敌被抓、抱的手臂或腿施以踩压、跪压等倒地拿法;或充分利用敌被抓、抱手臂或腿对敌身体的牵拉作用,选用适宜的转入方法,同时迅速连接使用相应的倒地拿法,将敌制服控制。

(5)敌被击倒地或因其个人原因倒地,欲爬起顽抗或以团身、屈腿等本能防守姿态固守顽抗时,航空安全员应趁敌将起未起或刚起未稳之机,快速上前以腿法将敌踢倒,或以前扑动作将敌扑倒;对敌本能的倒地团身、屈腿固守顽抗,航空安全员可充分利用敌倒地团身后只能以腿防守,同时身体转向移动不灵活的弱点,在外围与敌周旋的同时,突然转变方向,从敌腿无法防守的角度切入;或直接以脚跺踩踢开敌腿,以手向侧面推开或向左右分开敌屈膝关节,再以适宜的转入方法将敌压服住,同时迅速连接使用相应的倒地拿法,将敌制服控制。

要求:准确把握各种转入时机,合理运用各种转入方法。转入动作要快速、果断,与转入前的打、踢、摔动作紧密衔接,不得迟疑、犹豫、停顿。尽可能选择踩压、跪压、骑压等能随时自主机动的方法;能不倒地的,尽量不要倒地。

用途:由站立状态迅速、有效地转入倒地拿法状态,彻底制服控制倒地之敌,并为捆、铐、束住被航空安全员制服之敌创造便利条件。

第四节 夺凶器制敌

夺凶器制敌,是在敌手持凶器对航空安全员进行致命攻击时,航空安全员在不准、不能以及无法使用器械的情况下,以徒手夺敌凶器,并将其制服控制的实战应用技术动作与能力。其总体要求是沉着镇定,勇猛果断,灵活闪躲,抓腕抢夺,不硬拼蛮夺,讲究机智灵活的策略和方法。

一、凶器的特点与使用规律（以匕首为例）

（一）匕首的特点

（1）握把较短，适合单手握持。
（2）大多尖、刃兼备，以劈、砍、扎、刺为主要方法。
（3）动作隐蔽突然，出手快，变化迅速，尖、刃转换使用灵活。
（4）攻击距离受到匕首长度和握持手臂长度的限制，但"一寸短，一寸险"，因此，近身抢夺时危险性很大。

（二）匕首的使用规律

1 单手握持

一般以右手单手握持。

2 两种握持方法（以其他尖锐器具代替）

（1）正握法（图5-41）；
（2）反握法（图5-42）。

图 5-41　正握法

图 5-42　反握法

3 三个攻击方向

（1）由上向下或斜下的攻击；
（2）由右向左或由左向右的攻击；
（3）由体前或体侧向前的攻击。

4 四种攻击方法

（1）正握刀以刀尖向下、向左右两侧或反手向前的刺法；
（2）正握刀以刀刃向左、右两侧的横平划法；

(3)反握刀以刀尖向前、向左右两侧或向斜上的刺法;
(4)反握刀以刀刃向下、或斜下或左、右两侧的劈法。

5 五个使用阶段

(1)隐蔽携带阶段;
(2)快速掏拔阶段;
(3)惯性预摆阶段;
(4)凶狠攻击阶段;
(5)放松收回阶段(多用于有准备、有预谋、近距离的暴力侵害犯罪)。

二、夺凶器的时机与判断方法(以匕首为例)

(一)夺匕首的时机

1 闪躲防守时机

(1)在敌匕首实施攻击前,就与敌保持相应的足以进行外围闪躲防守与周旋的距离。
(2)在敌匕首即将开始或刚刚开始攻击或仅以假动作虚晃试探时,不要过早、匆忙进行闪躲防守,以免航空安全员自己陷入惊慌或过早暴露自己的防守能力,失去再次闪防的机会。
(3)应以静待动,后发先至,在判明敌匕首攻击的方向、路线、使用的方法基础上,在敌匕首的有效攻击距离接近极限,快要伤害到航空安全员身体时,再进行快速、突然的闪防和还击。如此,才能变被动应对式的闪防为沉着冷静的闪防,最大限度地保持航空安全员外围闪躲防守还击和伺机抓腕夺匕首的主动性,做到临危不惊、遇险不慌、反应及时、闪防恰当,同时为闪防后的抓腕夺凶器赢得宝贵的时间、距离和机会。

2 闪防后抓腕夺匕首的时机

(1)航空安全员闪躲防守手臂尚未与敌持匕首的手臂脱离接触,或敌手臂尚未收回时。
(2)敌匕首攻击落空,正在收回做二次预摆时。
(3)敌持匕首连续攻击,肌肉疲劳,动作僵硬,反应迟缓。
(4)敌遭航空安全员还击重心不稳,失去平衡或受重击握持无力时。
(5)敌注意力突然被吸引、转移或被阻挡、迷惑时。
这些都是航空安全员在闪躲防守后顺势抢抓敌手腕夺匕首的好时机。

(二)夺匕首的判断方法

(1)从敌握持匕首的握法和匕首的种类、形状等,可以判断敌匕首可能使用的攻击方法。
(2)从敌匕首的预摆方向、幅度和敌身高、臂长及匕首的长度等,可以判断敌匕首可能攻击的方向、运动轨迹和可能达到的距离。

（3）从敌的眼神和陈述威胁性语言时的语气、语调，以及突然的肩部耸动动作等，可以判断敌匕首攻击的可能性和紧迫性。

以此作为航空安全员迅速选择正确的闪夺动作和把握闪夺时机的依据。

三、夺凶器的战斗动作（以匕首为例）

（一）直刺闪夺

1 闪夺姿势

要领：与徒手格斗姿势相似，但重心更低，两腿开立稍宽，含胸收腹幅度更大，两手由拳变掌，掌心相对，目视前方。

2 闪躲防守

要领：

（1）当敌持刀以刀尖向航空安全员胸、腹部直线刺来时，航空安全员上体向侧后倾倒的同时，直接以后脚垫步，前腿下截敌膝关节或侧踹敌胸、腹部；

（2）或以后滑步、后退换架步或侧滑步、侧闪步向后或向敌持刀手臂外侧后闪躲，同时以前手小臂或掌根向前下截击敌腕；

（3）也可两手合力夹击敌肘、腕（图5-43）。

图 5-43　闪躲防守

视频 63　闪躲防守

3 闪防后的还击

要领：

（1）当用后滑步、后退换架步或前腿下截、侧踹进行闪防时，可用垫步前腿侧踹或转身

后腿侧踹进行还击;

(2)当用侧滑步、侧闪步进行闪躲时,可用后腿鞭腿进行还击;

(3)当用前手截击防守时,可用后手直拳还击。

4 闪防与还击后的抓腕

要领:

(1)当用夹击防守时,可在夹击防守同时直接抓腕;

(2)当用前手截击防守时,可直接用双手抓腕或用后手推按敌持刀大臂或肩关节,然后双手抓腕;

(3)当用拳、腿还击时,可在敌被重击时双手抓腕。

5 抓腕后的抢夺

要领:迅速以踢、打、撞、摔、拿诸种技术伤敌腕、肘或将敌匕首击落。

(1)双手抓敌腕,以脚踢敌腕(或匕首)、肘、裆或踹敌肋、腋部;

(2)或左手抓敌腕,腾出右手以掌、拳击打敌腕、掌指或刀面;

(3)或双手抓敌腕下拉,右膝向上顶击敌腕或肘;

(4)或双手抓敌腕向坚硬物体上撞击;

(5)或双手抓敌腕侧拉绊腿、后下拉拽将敌摔倒后向地面撞击敌腕、肘(图5-44、图5-45);

图 5-44 抓腕后的抢夺(一)

图 5-45 抓腕后的抢夺(二)

(6)或双手抓敌腕,以卷腕、担肘、夹肘、翻身拧腕别臂等拿法控制敌腕、肘(图5-46、图5-47、图5-48、图5-49)。将敌击、摔倒地后,以倒地拿法将敌制服控制,夺下或收缴其匕首。

要求:闪躲时要灵活敏捷,反应及时,相距得当;截击、夹击防守要短促有力;截腿、侧踹防守要尽可能放长击远;还击动作连接要快;抓腕抢夺要把准时机,勇猛果断。为增强实战效果和保证训练安全,进行闪防和还击练习时,配手可穿戴护身、护头等护具,操练者可戴拳套。配手喂刀要符合实战要求,不得故意喂偏、等待或配合。

图 5-46　抓腕后的抢夺（三）

图 5-47　抓腕后的抢夺（四）

图 5-48　抓腕后的抢夺（五）

图 5-49　抓腕后的抢夺（六）

视频 64　抓腕后的抢夺（一）

视频 65　抓腕后的抢夺（二）

视频 66　抓腕后的抢夺（三）

视频 67　抓腕后的抢夺（四）

视频 68　抓腕后的抢夺（五）

视频 69　抓腕后的抢夺（六）

（二）上刺（劈）闪夺

1 闪夺姿势

要领：同直刺闪夺的要领。

2 闪躲防守

要领：

（1）当敌持刀以刀尖（刀刃）由上或斜上向航空安全员头部刺（劈）来时，航空安全员上体向侧后倾倒的同时，直接以后脚垫步前腿侧踹敌胸；

（2）或以后滑步向后闪躲、以侧闪步向敌持刀手臂外侧闪躲的同时，前手顺敌刀势由上向侧下拍击敌持刀手臂；

（3）或前脚上前一步，以前手臂向上架挡敌持刀手臂。

3 闪防后的还击

要领：

（1）当用前腿侧踹防守或后滑步闪躲时，可用转身后腿侧踹进行还击；

（2）当用侧闪拍击闪防时，可用后腿鞭腿或后手掌击敌腕进行还击；

（3）当用架挡防守时，可用后手直拳还击。

4 闪防与还击后的抓腕

要领：

（1）当用拳、掌、腿还击时，可在敌被重击时双手抓腕；

（2）当侧闪拍击闪防时，可以前手顺势夹肘，另一只手抓腕抢夺（图5-50）；

（3）当架挡防守时，可以右掌推击敌肘或腋下，左手下搂敌小腿，将敌向后摔倒后抓腕。

视频70　上刺（劈）闪夺（一）　　　视频71　上刺（劈）闪夺（二）

5 抓腕后的抢夺

要领：同直刺闪夺要领。

要求：同直刺闪夺要求。

图 5-50 抓腕后的抢夺

（三）侧刺（横砍）闪夺

1 闪夺姿势

要领：同直刺闪夺要领。

2 闪躲防守

要领：

（1）当敌持刀以刀尖（或刀刃）由右向左向航空安全员手臂或腰侧刺（横砍）时，航空安全员在以后滑步、后退换架步向后闪躲的同时，前手小臂或掌根向侧前下截击敌腕；

（2）或在以侧滑步、侧闪步向敌持刀手臂外侧闪躲的同时，前手顺敌刀势由左向右横向拍击敌肘。

3 闪防后的还击

要领：

（1）当用后闪截击防守时，可用后脚垫步前腿侧踹还击；

（2）当用侧闪拍击防守时，可用后腿鞭腿还击。

4 闪防与还击后的抓腕

要领：
（1）当用侧踹、鞭腿还击时，可在敌被重击时双手抓腕；
（2）也可在侧闪拍击闪防时，右脚上步，右手从敌持刀手臂下向前上挑横搂，将敌持刀手臂与头、颈缠锁捆紧，左手抓敌腕下折夺刀。

5 抓腕后的抢夺

要领：同直刺闪夺要领。
要求：同直刺闪夺要求。

四、面对持凶器之敌时的计夺谋略与处置手段

（一）巧用客舱内物品

（1）利用手推餐车的冲撞作用，夹挤碰撞重创敌，趁机夺敌凶器。
（2）利用手推餐车的阻挡作用和过道、座椅的阻碍限制作用，迟滞敌凶器的攻击，伺机抢夺敌凶器。
（3）利用机上配备的灭火器、消防斧等应急器材，抵抗制服并夺取敌凶器。
（4）利用在机上随手可得的各种小件机供品（如烧水壶、热水纸杯、热餐盒、书刊、小毛毯等）突然投掷击打敌头部，趁敌护头闪躲之机，抢夺敌凶器。

（二）巧用随身物品

（1）以手机、手表、钥匙串等有棱角的坚硬物品或皮鞋、手包及其他手持物品为武器近距离突然向敌脸部掷打，伤敌脸部或五官，趁机抢夺敌凶器。
（2）以腰带、绳索、手铐等为武器，利用其抢、劈、抽、打作用与敌搏斗，将敌制服后夺其凶器。
（3）以外套或旅行背包、挎包等为武器，利用其遮盖障眼、缠裹抽打作用与敌搏斗，伺机抢夺凶器。

（三）转移或分散敌注意力

（1）在有同伴配合时，以各种办法从正面吸引敌注意力，由同伴从敌身后突袭制敌夺凶器。
（2）突然向敌身后张望或伸手打招呼，诱敌转身回头，趁机抢夺凶器。
（3）制造突然的声响刺激（如震脚、呐喊等），转移敌注意力，并引起瞬间的震动、惊慌，趁机抢夺凶器。

（4）以貌似友好的举动（如递饮料、握手等）转移敌注意力后，突然发动攻击，夺敌凶器。

第五节　搜身与强制带离

搜身，是为彻底消除各种可能存在的威胁飞行安全的隐患，而对已被航空安全员制服控制并已实施了捆铐约束的不法行为人依法进行的人身搜查。

强制带离，是将已被航空安全员制服控制、捆铐约束并完成搜身的不法行为人，在飞机降落后，依法强制带离飞机客舱，移交给有管辖权的机场公安机关。

搜身与带离，是客舱制敌术实战应用的最后两个环节。其总体要求是快速有序，强制搜身，强制带离，防范严密，确保安全。

一、搜身

1 搜身原则

（1）永远把被搜身者看作隐蔽携带了凶器（或其他危险品）的不法行为人来对待，按凶器（或其他危险品）可能存在的假设来搜身，在搜身过程中不放过任何可疑之处。

（2）最安全的搜身态势是将敌在俯卧状态制服控制并将双手反别后拷（或捆束），航空安全员以骑压或跪压姿势分别对其身体背面和正面进行搜查。在搜查过程中保持高度警惕，不可大意轻敌。

（3）针对女性不法行为人的搜身，可协请女乘务员应急实施。

2 搜身方法

（1）搜身的手法：拍打、挤压、触摸和掐捏四种。

拍打手法一般用在衣着较单薄的情况下，对全身进行大面积快速的搜查，适合搜查各类较沉重厚实的凶器或其他危险品。

挤压手法一般用于在衣着较厚实的情况下，对各关节和衣物折叠处进行有重点的搜查，适合搜查各类较短小轻薄的凶器或其他危险品。

触摸手法一般用于对重点部位的仔细搜查，适合搜查各种尖锐细小的凶器。

掐捏手法一般用于对衣物夹层或暗口袋的搜查。

（2）搜身的顺序：一般是由后向前，从上往下，由表及里。

先搜查身体背面，再搜查身体正面（将敌由俯卧控制翻转成仰卧或侧卧控制）；从上往下搜查，或从躯干、腰部开始搜查，最后再搜查四肢；对身体外表搜查完后，再搜查衣服内层，有些厚实的衣服（如大衣、外套等）还须外翻或脱下进行搜查。

（3）搜身一般应徒手进行。不要采用一手持械、一手搜查的方法，更不可两手转换持械进行搜查。这是因为持械的手既无法对敌实施有效的控制，也无法配合搜查，特别是在搜到凶器的情况下，无法配合另一手夺取凶器。

（4）有协助人员配合搜身时，其主要任务是手持器械，负责警戒、威慑、协助和增援，协助人员应与敌、航空安全员呈三角态势站立,并始终将航空安全员置于其视线之内。

(5)在搜身过程中,一旦搜到凶器,应迅速强行掏拔夺下,交给同伴处置,或将凶器置于航空安全员身后。搜出一件凶器后,不要就此罢手,还要继续仔细搜查,因为敌很有可能同时携带两件及以上凶器。

二、强制带离

(1)当处置现场需要航空安全员一对一徒手将敌带离时,航空安全员可直接以突袭制敌技术中的挑肘别臂(图 5-6)、拉肘扣腕(图 5-9)、踹膝锁喉(图 5-14)、架臂扣颈(图 5-17)、携臂扣腕(图 5-19)等动作,在将敌制服并保持控制效果的同时,将敌迅速强制带离现场(动作要领与要求可参见突袭制敌部分)。

(2)使用以上动作带离时,航空安全员可视现场情况,高声或低声严厉警告敌"不许乱动""不许反抗""老老实实跟我走"等;在警告同时可暗中加大拿法制服控制力度,使敌因无法忍受剧烈疼痛而失去反抗能力或不敢反抗,甚至为减轻剧痛而主动以提高重心、踮起脚尖、加快步法等方法配合航空安全员带离;除架臂扣颈动作是航空安全员背对带离方向将敌拖走外,其他动作航空安全员均可以面对带离方向将敌快速带离。为有效防止敌竭力挣扎,必要时,航空安全员可用另一手以抓发、捂嘴、搬拧下颌等方法来加快带离速度。

(3)当现场有条件时,应尽可能采用二对一的带离方法,这样可以更有效地保证带离安全和效果。二对一徒手带离时,可以一人为主,使用与一对一徒手带离相同的技术动作,另一人在异侧以同样的动作配合带离,或以其他相应的辅助动作配合带离。

(4)在处置现场条件允许的情况下,应尽可能在完成上铐(或捆绑)、搜身的基础上再行带离,这样可以有效发挥器械的制服、约束作用,确保带离顺利和安全。

[1] 田志明.警察体育教程[M].北京:群众出版社,1999.
[2] 左锁粉.警察实战训练与应用教程[M].北京:中国人民公安大学出版社,2010.
[3] 刘一兵.警察防卫控制教程[M].北京:中国人民公安大学出版社,2011.
[4] 尤旭.客舱防卫与控制技战术[M].成都:西南交通大学出版社,2012.
[5] 成保国.机上反恐实战技能应用教程[M].北京:中国民航出版社,2017.
[6] 杜振高.格斗与控制[M].北京:北京体育大学出版社,2018.

教学支持说明

普通高等学校"十四五"规划民航服务类系列教材系华中科技大学出版社"十四五"期间重点教材。

为了改善教学效果,提高教材的使用效率,满足高校授课教师的教学需求,本套教材备有与纸质教材配套的教学课件(PPT电子教案)和拓展资源(案例库、习题库、教学视频等)。

为保证本教学课件及相关教学资料仅为教材使用者所用,我们将向使用本套教材的高校授课教师免费赠送教学课件或相关教学资料,烦请授课教师通过电话、邮件或加入旅游专家俱乐部QQ群等方式与我们联系,获取"电子资源申请表"文档,准确填写后发给我们,我们的联系方式如下:

地址:湖北省武汉市东湖新技术开发区华工科技园华工园六路

邮编:430223

电话:027-81321911

传真:027-81321917

E-mail:lyzjjlb@163.com

民航专家俱乐部QQ群号:799420527

民航专家俱乐部QQ群二维码:

扫一扫二维码,加入群聊

电子资源申请表

填表时间：_____年___月___日

1. 以下内容请教师按实际情况填写，★为必填项。
2. 相关内容可以酌情调整提交。

★姓名		★性别	□男 □女	出生年月		★职务	
						★职称	□教授 □副教授 □讲师 □助教

★学校		★院/系	
★教研室		★专业	
★办公电话		家庭电话		★移动电话	
★E-mail（请填写清晰）		★QQ号/微信号	
★联系地址		★邮编	

★现在主授课程情况	学生人数	教材所属出版社	教材满意度
课程一			□满意 □一般 □不满意
课程二			□满意 □一般 □不满意
课程三			□满意 □一般 □不满意
其　他			□满意 □一般 □不满意

教 材 出 版 信 息					
方向一	□准备写	□写作中	□已成稿	□已出版待修订	□有讲义
方向二	□准备写	□写作中	□已成稿	□已出版待修订	□有讲义
方向三	□准备写	□写作中	□已成稿	□已出版待修订	□有讲义

　　请教师认真填写表格下列内容，提供索取课件配套教材的相关信息，我社将根据每位教师填表信息的完整性、授课情况与索取课件的相关性，以及教材使用的情况赠送教材的配套课件及相关教学资源。

ISBN（书号）	书名	作者	索取课件简要说明	学生人数（如选作教材）
			□教学　□参考	
			□教学　□参考	

★您对与课件配套的纸质教材的意见和建议，希望提供哪些配套教学资源：